《社科汉语研究》

Journal of Chinese for Social Science

2023年第2期

目 录

阅读

1. [阅读材料] 谋略 (Supraplanning)：中西文化交流中本土词汇与概念转换的问题 / 胜雅律 ………… 1
   [中级阅读] 桥梁与假肢 / 宣力 ………… 17
   [高级阅读] 用"三十六计"解读中国的政策法规 / 宋连谊 ………… 20
2. [阅读材料] 基于中国文化语境重读韦伯 / 苏国勋 ………… 26
   [中级阅读] 韦伯看东西方宗教 / 宣力 ………… 53
   　　　　　韦伯的影响在中国 / 宣力 ………… 58
   　　　　　开封的犹太人 / 宣力 ………… 62
   [高级阅读] 基于中国文化语境重读韦伯 / 宋连谊 ………… 66

写作

1. 台湾的国家认同影像：台湾原住民青年如何体验国家认同？/ 罗奕昕 ………… 70
   [参考英文]
2. 午夜太阳之地的龙——中国在北极的雄心 / 颜玫莉 ………… 75
   [参考英文]
3. 为什么纯素食运动在中国越来越受欢迎？/ 嫣然 ………… 85
   [参考英文]

翻译

功能理论和社会科学文本的翻译 / 冯东宁 ··· 94

[参考文献] 学以致用：费孝通的人类学追求与利奇和弗里德曼的研究 /
　　王斯福 ··· 99

论文

概念整合视角下双语出版物中的转文化现象研究
　　——以《中华思想文化术语（哲学卷）》为例 / 阎浩然　蓝纯 ·············· 111

双语信息

1. 本刊基本信息 ·· 124, 136
    1.1 本刊及作者简介 ··· 124, 136
    1.2. 本期作者简介 ·· 125, 137
    1.3. 目录（中文见第1–2页；英文，见第140页）······································ 125, 140
    1.4. 主要参考文献内容提要和关键词（英文，见第141页）····················· 125, 141
    1.5. 作者须知（英文，见第144页）·· 125, 144
2. 本社双语特色及相关信息 ·· 127, 145
    2.1. 环球世纪出版及其独有特色 ··· 127, 145
    2.2 本社以全球和转文化视野创造了双语服务的独有特色 ··················· 127, 146
    2.3 本社汉英双语显示体例 ··· 128, 147
    2.4 本社汉英双语排版标点符号用法 ··· 129, 148
    2.5 本社中文及相关名字英文显示体例 ··· 130, 149
    2.6. 环球世纪出版社出版的期刊及辑刊 ··· 132, 151

阅读

[阅读材料]

1. 谋略 (Supraplanning)
关于在中西方文化交流语境下
翻译本土词汇及其概念的理解问题

胜雅律[1]

摘要：费孝通认为，在过去与现在以及在同一文化的几代人之间，"词是最主要的桥梁"。作者认为，词也是沟通不同文化的人们的最重要桥梁。由此产生的问题是，在何种程度上本土的词汇(指在其他国家的语言中似乎没有一个现成的确切对应的词汇)能从一种文化转换到另一种，而让他文化人们理解的、甚至在其文化环境中使用的，同时又能保留其本土性，也就是说，保留其原汁原味和原意。本文将以一个深深植根于丰富的中国古代和现代规划艺术词汇中的"谋略"一词来讨论这个问题

关键词：本土词汇跨文化沟通性，战略，谋略 (Supraplanning)，《孙子兵法》[2]

---

[1] 翻译：感谢中山大学社会学和人类学院提供了本文的译稿。
[2] 本文不讨论《孙子兵法》是否由孙子一人所著。本文在行文中会用到《孙子兵法》的三种常用的英文表达法：*Sun Tzu's Art of War, Sun Zi's Art of War* 和 *The Art of War*。
[2] 3本文是为纪念费孝通教授诞辰100周年于2010年12月5日在伦敦政治经济学院举行的题为"理解中国，与中国人沟通"的国际大会而作。本文发表在《全球中国比较研究》(中文版) 2016年第1期；英文版见 *Journal of China in Global and Comparative Perspectives* (JCGCP), Vol.1, 2015. 本文再次发表于《社科汉语研究》2023年第2期，旨在作为中高级阅读部分的两篇文章的参考文献，请读者结合阅读。

通讯作者：胜雅律 (Harro von Senger), University of Freiburg, Germany; The Swiss Institute of Comparative Law, Switzerland。邮箱：vonsengerharro@bluewin.ch

据吴江纪念费孝通百年诞辰活动的记者报道（《人民日报》（海外版），2010年10月25日）：

> 费孝通逝世后，来开弦弓村的访问者不但没有减少，而且突破了社会学界的范围。

这说明了费孝通不仅仅吸引了社会学家的兴趣，他的影响力实则极为广泛。作为一个汉学家，我在费孝通的著作中找到了很多珍贵的与汉学有关的论述，因为汉学是一门基于中文写作和口头语言的中国文化的科学。费孝通的很多洞见都能够推动中欧文化的共同觉醒，并能够成为将中国概念引入到西方的理论基础。本文的目的是为了说明费孝通的不少思想对于汉学的重要性。

从费孝通在他杰出的著作《乡土中国》一书的英文版看到，他说人们有记忆的能力，而文化靠记忆传承，因此人们不但要在

> 个人的今昔之间筑通桥梁，而且在社会的世代之间也得筑通桥梁。
> (Fei, 1992: 55; 费孝通, 1985:17)

在《乡土中国》中文版本中，看到费孝通明确地指出：

> 词是最主要的桥梁 (费孝通, 1985:17)[1]。

但是这句话的英文被翻成了"[T]his connection rests upon the ability to use words" (Fei, 1992: 55)。

中文原版著作和英文翻译版虽不太相同，但都为我从新的维度，即跨文化地解读费孝通的重要思想提供了机会。语言不仅是过去与现在、同一文化下代际之间的桥梁，更是不同文化的人们之间的桥梁。

本文聚焦于中西文化交流，即在讲述文化之间语言及语言所带来的概念的转换。作为西方的汉学家，中西方对比始终占据我的脑海。

于是产生了这样的一个问题：本土的语言和概念能够被转译为另一种文化吗？这种转译方法能够使其在另一种文化环境中被理解甚至实践，而同时保持它的本土性？也就是说，它们被翻译之后能否保持其原始质感和意义？

什么是"本土词汇"？即是那些在外文词语中很难找到能与之准确对

---

[1] 感谢费孝通百年诞辰纪念大会的组织者常向群博士为我提供了《乡土中国》的中英文两个版本。本文发表在《全球中国比较研究》（中文版）2018年第1期；英文版见 Journal of China in Global and Comparative Perspectives (JCGCP), Vol.1, 2015..

应的词汇。面对这样的词语，人们经常用一种简单的方法，即选择一种便捷的翻译方式，用一个已经存在的、表面看来似乎对应的外语词汇去套，因此，就往往错过了"本土词汇"的真正意义。

在此，我以中文的"谋略(moulüe)"这一深深的扎根于古代和现代中国的规划艺术(Art of Planning)的词汇为例。谋略，是人们十分熟悉而又非常神秘的字眼（柴，1991: 1）。近年来，中华人民共和国出版了不可胜数的关于规划（或谋略）的书籍，如：

柴宇球：《谋略库》(第四版)，北京，1991年。
柴宇球：《谋略论》，北京，1991年。
萧诗美：《毛泽东谋略学》，北京，2005年。
贺开耀：《邓小平谋略》，北京，2004年。
杨庆旺（主编）:实用谋略学词典》，哈尔滨，1992年。

然而，就这个"神秘"的中国词汇"谋略"而言，那些中国作者在试图将"谋略"翻译成英语语汇时却简单地使用了诸如"策略"或"战略"等术语，见以下两个例子：

1) 甘生（主编）:《商战谋略案例全鉴》，乌鲁木齐，1992年。本书封面上的书名被译为"The Encyclopaedia of Marketing Warfare Strategy Cases"，这样就把"谋略"被翻译成为"战略"。

2) 李炳彦：《大谋略与新军事变革》，北京，2004年。本书的第390页上可见，其书名被翻译为"Military Stratagem and the New Revolution in Military Affairs"。这就是说，"谋略"被翻译成为"计谋"。

在西方，中文术语"谋略"至今仍未受到学术界的关注。在美国的出版物中，鲜有的几位专家把"谋略"译成英语(Detweiler 2010: 9, 13-15)：

1) 美国国防部在其《呈交国会的年度报告：2006年中华人民共和国的军事力量》：

> 在最近的几十年里中国人民解放军复兴了对古代中国治国方略的研究。军事院校的整个部门教授取之于中国几千年的经验的谋略、即战略欺诈(strategic deception)的课程…。

2) 马克·斯托克斯[1]在他的《中国联合航空运动：战略、学说和军队现代化》一文中三次提到了中文词汇"谋略"，例如，他说：

---

[1] 马克·斯托克斯(Mark Stokes)是负责中华人民共和国和台湾事务的国防部长、国际安全事务部办公室主任，该事务部隶属于美国陆军战争学院战略研究所，前北京美国武官处助理空军武官(1992–1995年)，是《教义事务中的中国革命》(2005) 艺术的作者。该书是由RAND公司和CAN公司合作出资赞助的。

中国对威慑和强迫的看法与西方略有不同，中国的作者将威慑和强迫与计谋 (moulüe; 某略 [原文，马克·斯托克斯把"谋"写成"某"]) 的概念相结合，即通过灵巧或高超的战略手段、作战艺术或者战术而获得政治或军事竞赛的成功…。

3) 拉尔夫·索耶 (Ralph Sawyer)[1]，一位著名的古代中国军事的翻译家，在《诡诈之道》(*The Tao of Deception*, 2007 年) 一书中评论了中华人民共和国最近的"谋略"热。他在书中写到：

"从 20 世纪 80 年代中后期开始，尤其是在 1991 年，古典军事著被当成宝贵的研究素材，同时也兴起了研究战略和计谋 [英文原文写的是"strategy and stratagems"而且在英文原文的括号中，为了解释"strategy and stratagems"的意思，就写了 : mou-lüeh] 的热潮。"

在同一本书中，他将"谋略"翻译为"strategy 战略"(Sawyer, 2007: 435 n.6, 437 n.18, 440 n.39)。这令人费解，因为在其书的别的地方，他又把"战略"译为"strategy"(Sawyer 2007: 447 n.25, 449n.50)。这就是说，索耶把"谋略"和"战略"都翻译成"strategy 战略"。

所有上述提到的中国和美国的作者或机构太过简单的使用诸如"战略欺骗"(strategic deception)、"计谋"(stratagem)、"战略与计谋"(strategy and stratagems) 或"战略 (strategy)"，作为"谋略"的表达方式。"欺骗"作为"谋略"的翻译太过狭窄。即便"谋略"有时以行骗运作，但它不一定总是"战略欺骗"，也许是战术或做战上的欺骗。"计谋"和"战略"也不能完全表达"谋略"的意思。

"计谋 stratagem"是指：

- 用兵之术的一种实践；通常是以智取胜或突击敌人的手段或诡计；广义而言，指军事手段。
- 手段或诡计，为了获利而采取的策略或策划；广义而言：制定策略的技能；技巧；诡诈。(Oxford English Dictionary, 1933)

"战略 strategy"是指：

- 适用于总体规划和大规模战斗行动的军事指挥艺术的科学。
- 运用此而产生的行动计划。

---

[1] 拉尔夫·索耶 (Ralph Sawyer) 是一位研究古代和现代中国战争的美国著名学者。他广泛地与重要的情报和国防机构合作。同时，他也是加拿大军事和战略研究中心的研究员。

- 在政治、商业、求偶、或其他方面的计谋技能等……见 Stratagem. (American Heritage Dictionary, 1981: 1273)
- ……一个周密的计划或方法，或是聪明的计谋……(Webster's Third New International Dictionary, 1976: 2256)

根据我对"谋略"之丰富含义的理解，它不仅仅限于建立在狡诈基础上之规划操作。因此，把"计谋"作为"谋略"的翻译只是抓住了其中的一面，而非其全部的含义。据我对英语单词"strategy 战略"的理解，它或者意味着"清新的、长远的、关键性的规划"，或者意味着"计谋 strategem"，但不可能是这两种意思的结合，也就是说，它不可以意味着"依靠计谋的清新的、长远的、关键性的规划"。因此，"战略 strategy"这种翻译扭曲了"谋略"的意思，因为"谋略"既可以指代一个"长远的关键性的计划"，也可以指代一个计谋性长远的关键性的计划，还可以指代一个非计谋性的长远的关键性的计划。显然上述所援引的中国和美国的翻译者们都未能抓住"谋略"的广泛含义。在他们的翻译中，他们并未真正地将"谋略"的本土性引入英语词汇。这就是说，他们并未将中国词汇和栖居其间的概念翻译到外国文化中，而是仅仅粗浅的找到一个相对应的西方词汇——其含义小于原意——来替换。这种行为不是文化传递，而是中国术语的西化，使之丧失了其本土性。因为现存的西方词汇并没有起到费孝通所说的"桥梁"的作用，而是一个"假肢"，造成了一个相互理解的错觉，无法引领到真正的相互理解。

也许，这种将中国的东西简单地西化的方法，其根源在于西方翻译者并未完全理解中国本土词汇。另一种可能是翻译者简单地假设所有语言之间都有一个能够完全对应的词汇库。根据这个假设，A 语言中的每个词汇都能够在 B 语言里找到一个对等的词汇，即不存在本土词汇和概念群 (an earthbound group of words and concepts)，因为词语和概念是普遍统一的，且容易转换。我认为这个假设是不正确的，因为许多词汇在它们自己的语言中有其乡土质感 (earthbound touch)，一些特定词汇甚至是仅存于某种语言中。这些词汇"抵抗简单的公式化的翻译。"(Ames, 1993: 71)

"谋略"是什么意思？就专业意义而言，它有着相当特殊的含义，而西方本土语言中是没有合适的术语来描绘的。除非在西方语言中创造出一个新的表达法。对于这样的情况，仅仅靠孔子的"正名"是不够的，必须要"创建一个新的名称"，这样才能够正确地为特定的东西命名。

当代中国对"谋略"的兴趣与"军事谋略学"密不可分，多年来它已经在中国军事科学中取得了准官方的地位。因此，我对"谋略"的分析主要是基于"军事谋略学"的印刷和电子出版物，例如：

- 李炳彦，孙兢：《军事谋略学》(上下卷)，北京，1989 年。
- 罗志华：《军事谋略之道》，北京，1995 年。
- 《中国谋略科学网》，军事谋略研究中心，(http://www.szbf.net)。

自二十世纪八十年代中期以来我和最近退役的少将李炳彦在北京见过很多次，以讨论他关于"三十六计"的著作以及其他相关主题。他被认为是中国人民解放军的"军事谋略学"的奠基人。他还担任了《解放军报》的高级编辑，中国新闻工作者协会理事，也是中国孙子兵法研究会理事；同时，他还是隶属于中国人民解放军军事运筹研究所的军事谋略中心的主任。鉴于他在军事谋略学的贡献，李炳彦曾获得多个军事奖项，甚至于1996 年受到了江泽民主席的接见。

在介绍我用英语翻译"谋略"的建议之前，我想再现一下李炳彦这位中国军事谋略学专家在《军事谋略学》第一章中的图表 (李炳彦，孙兢 1989：第 9 页)。

图一：中国军事学结构图

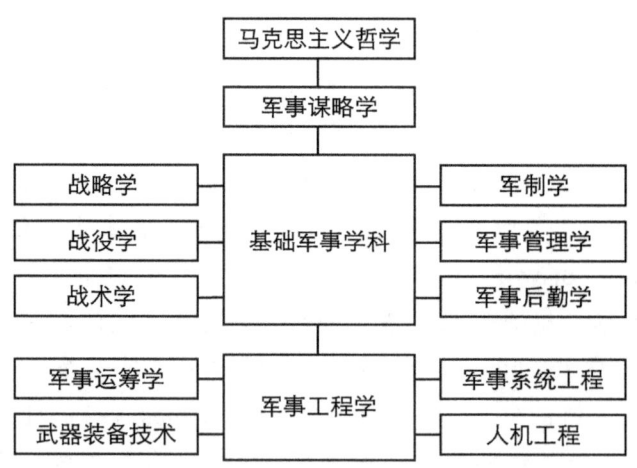

在此没必要解释整个架构。相关的是马克思主义哲学定位在顶部，即便如此，可以从略不谈。自上而下的第二项是"军事谋略学"，再往下最左边的三项分别是：

- 战略学
- 战役学(也翻译为"运作科学")
- 战术学

这个图中最关键的一点是"谋略"高于"战略",也就是说"谋略"在规划中位于战略之上(拉丁文为 supra),而在西方最高的规划水平是战略。我不认为西方在规划方面存在高于战略规划水平的词汇。

《孙子兵法》最高的境界是"不战而屈人之兵",通常解释为"不通过战争来征服敌人"(Jullien 1996: 63)。有的作者也将它诠释为"大战略"(Grand strategy, Sawyer and Sawyer 1994:128; 钮先钟, 2008:253 f.)。什么是"大战略"？以下为简短描述：

> 大战略这种较高的战略的作用就是统筹和指挥一个或多个国家的所有资源,以达到由基本政策来确定战争目标的政治目的。
>
> 大战略既需要计算和动员国家的经济和人力资源,以便于维持战争实力。此外,道德资源即人们的意志力与拥有具体的权力一样重要。大战略也应该调整服务行业之间和服务行业与工业之间的权力分配。此外,战斗力只是大战略的工具之一,大战略也应该考虑到和运用财政压力的影响,尤其是道德压力,以便于削弱对手的意志……
>
> 最后,虽然战略的视野以战争为界,大战略超越了战争看到随之而来的和平。它不仅要结合很多手段,还要规范它们的使用以避免损害未来和平的状态,即要考虑到未来的安全与繁荣。(Liddell Hart 1954: 335 f.)

从这段引文中可见,"大战略"似乎并不支持无战争的"征服敌人"。"大战略"是展开战争的一种策略。此外,"大战略"也似乎并未注意到使用计谋。大战略是一个不兼顾"计谋"的概念。因此,我认为用西方概念描述《孙子兵法》,如"大战略"或"总战略"(Prestat 2006: 62),就会使《孙子兵法》西方化,并消解它的中国本土性。《孙子兵法》被转变成西方的战争理论,但它超越了任何西方战争术语所能及的范围,其原因就在其文本中：

> 不战而屈人之兵善之善者也

在中文文本中,我们能够清楚看到,《孙子兵法》中用的是"人"字而不是"敌"字。在《孙子兵法》中,"敌"字使用得相当的多(翟尔斯

1964:188)¹，为什么它没出现在这句话里？对于一个有着西方战略或大战略视野的西方人来说，这不值一问。对他或她来说，这里的"人"显然就是"敌"的意思。非本土的中国人对《孙子兵法》的评论也如此。据我所知，尽管这里写"人"，而非"敌"，所有西方翻译家和西化了的华人翻译家²对这句话的翻译都与这个句子的原意有所偏离，将其翻译为"敌"。在此我仅引述一些有代表性的版本：

- 不战而征服敌人才是真正卓越的军队。(Sawyer and Sawyer 1994: 177)
- 最卓越的是在不打仗的情况下征服敌人的军队。(Ames 1993: 111)
- 终极追求卓越，不在于赢得每一场战争，但在没有战斗却击败敌人。(Minford 2003: 14)
- 不战而屈人之敌是技术的巅峰。(Griffith 1963:77)
- 最好的是不进行战争而征服敌人。(Niquet 2006: 112)
- 最能干的 [......] 是不进行战争而征服对手的军人。(Klöpsch 2009: 17)

我于2010年6月9日在上海采访过一位中国《孙子兵法》专家³，他对上述引文中"人"的解释如下：

> 在不战而屈人之兵善之善者也这个句子中，"屈"的对象不一定是一个迫在眉睫的敌军。这句话也涉及到当时的朋友或盟军乙方。甲方知道在不久的将来，这个盟军也可能成为一个敌人。因此，现在已经要使用计谋等手段使其臣服，在将来才不构成威胁。在这个使用计谋且不战而使其臣服的时间中他还不算是"敌人"。

基于这个对"人"的解释，我分别用德文和英文翻译"不战而屈人之兵善之善者也"这个句子如下：

---

[1] 赖安尔·瞿尔斯翻译和评论的《孙子兵法》，台北1964年版，第188页：第一至第五章中，"敌"字出现12次，在第六、九、十、十一和十三章中，"敌"字也经常出现。

[2] 应该承认，据我所知，中国古代的评论家们已经把"人"字狭义地理解成"敌"字，例如曹操把"不战而屈人之兵"解释成"未战而敌自服"，参照曹操等注《十一家注孙子》，上海1978年，第52页。这样看来，人类要等到当代的中国军事谋略学理论的出现，才能够全面地理解孙子兵法中有关句子的广泛的、远见的意义。[编者注：作者的英文版中没有这一注释]

[3] 咸文，编著有《孙子兵法大辞典》(上海，1994年)，《孙子兵法十讲》(上海2007年)以及其他相关书籍。

德文：Ohne einen Waffengang die Streitmacht der Männer der Gegenseite gefügig machen ist erst das Gute vom Guten. (von Senger 2011: 14 f.)。

英文：without using arms to subdue the army of the men of the other side is the best.

通过这个翻译可见，这句话不是着眼于"敌"字上，而是将"人"凸显出来了。这样，较之于很多西方人和西化的中国人的翻译，这个句子就获得了新的以及更长时段的维度。无一例外，上述例举的这些翻译似乎被相对短视的西方战略、甚至是"大战略"思想所主导，而中文原创的句子的含义却远甚于此。一个人一旦被西方术语所禁锢，就成了西方思维模式的奴隶，其结果就是对"人"这个词及其深远意义"视而不见"。这个例子表明了对自身本土性和对中国本土思维认识的重要性。

顺便提及，在我们眼皮下"不战而屈人之兵善之善者也"难道不正在被中华人民共和国使用吗？比如她并未把台湾视作一个"敌人"，多年以来通过越来越紧密的经济关系，使台湾人的"独立"越来越不可能，这是一种如"熊猫爪子"般轻柔，又不引人注意的和平统一的做法。

由于"战略"或"大战略"不适合刚才所讨论的中国传统军事思维中的极度"长时段"(Jullien 1996:101) 的预测视野，因而我建议不用已有的西方术语来描述《孙子兵法》中的规划的艺术，而是用中文词语"谋略"。但"谋略"应该如何翻译以保持其本土性？

在我回答这个问题之前，我想先说明一下我对不翻译中文词汇"谋略"，而直接将它的拼音moulüe引进西方语言的看法。这看似是避免不恰当翻译所引起的失真的一种较为聪明的方式。然而，如果谋略不翻译而只用其拼音moulüe，我们仍然要去解释它的含义，到头来还是于事无补。我仍然对西方语言为异文化本土词汇提供合适的翻译之能力报以厚望。重要的是要真正把握"谋略"这一词汇的基本含义。

将"谋略"翻译为"supraplanning"的两个原因

现在回到李炳彦的《军事谋略学》的图示上来(见图一)。

由于中国谋略高于(拉丁文为supra)西方的战略，因此我选用"supraplanning"这个词作为"谋略"的英文翻译，这是首要的原因。从图一架构中可以看到"supraplanning"表明谋略有着比普通的西方的"战略"甚至是"大战略"规划中更为长远的时间维度。

把"谋略"翻译为"supraplanning"的另一个原因，是谋略的另一个特性，而这个特点可以用著名的太极图来解释。

图二　太极图

在太极图中，谋略规划不是仅仅位于白色或黑色的某一部分。在这里，白色的部分表示一整套透明、规范和"墨守成规"的解决问题方式，西方的博弈论就属于白色部分。而黑色部分表示一切不透明的、打破常规和出奇制胜的问题解决方式。中国的谋略家有这样一个特点，即他们总是在太极图的上方 (拉丁语为 supra) 高瞻远瞩，同时关注着太极图的黑色和白色部分，战术、战略策略地解决问题。因此，"计谋 (stratagem)"不"是"谋略"的适当的翻译，因为它片面地强调"黑色"半球，而谋略还包含白色半球即非狡诈规划之意，正如李炳彦说的 (1983: 30)：

> 谋略思维的鹰，翱翔于天空，俯瞰具体的战场。

谋略家要么选择"墨守成规"，要么就是"出奇制胜"。有时选择二者合二为一。如白色部分的黑点，在一个正统的解决方式中，也常常掺杂一些出其不意的方式。一个遵纪守法但有谋略意识的人，则会意识到正统规范中也能够暗藏一些策略性的 (非正常的) 意图。

例如，1979 年 7 月 1 日颁布的《中华人民共和国中外合资经营企业法》第 5 条规定：

> 合营企业各方可以现金、实物、工业产权等进行投资。外国合营者作为投资的技术和设备，必须确实是适合我国需要的先进技术和设备。如果有意以落后的技术和设备进行欺骗，造成损失的，应赔偿损失。

以谋略之眼光来看，你很快就会意识到在这一法规中，至少三十六计中的两个计谋都在其中，第十九条"釜底抽薪"和第三十条"反客为主"。

中华人民共和国以合资的法律形式将先进的技术从西方企业中吸取出来的策略(釜底抽薪)，从而达到反客为主的目的，即从一个依靠外国技术的国家变成一个有自己技术的国家。从谋略的角度来说，即便是在阅读法律文本时也应该随时铭记于心，很可能某些计谋隐藏在其中。谋略主张人们时刻保持一个"既黑又白"的分析头脑。

一个擅长"谋略"的规划专家必然要高高在上(拉丁语 supra)地，即高瞻远瞩地基于两大可选的解决问题的机制作出规划：制胜的白色和黑色手段。因此，谋略规划总是在正常的和非正常的手段(这里不是指犯罪的方式，而是为法律所接受的方式)中间摆动。

这与我们所熟知的西方决策理论大不相同。西方决策理论片面地依赖"白色"的博弈论和数学方法等解决问题。据我所知，西方缺乏一套系统的智谋学战略和战术应用理论，尽管"白色"的问题解决方式注重于智力努力。尽管属于太极图的黑面的计谋在西方的具体实践中有广泛的应用，但是大多数还是单凭直觉，而非通过大脑思考进行的计谋性计划。

中国的谋略实践

理查德·尼克松在北京大学的一次演讲中说：

> 有这样一种说法，美国人思考几十年的事……但是中国人思考几个世纪的事。(英帆 1988: p. 210 f.)

而阿尔·戈尔在他的《重塑美国力量的时代挑战》(2008年7月17日)的演讲报告中讲到：

> 十年是我们这个民族能建立并完成目标的最长期限。(Gore 2008)

也就是说最主要的西方国家的战略规划水平最长也不过是 10 年。

在中国则完全不同，邓小平在 1992 年的南巡过程中曾这样说过：

> 坚持党的基本路线，一百年不动摇。

在 2012 年 11 月 14 日《中国共产党章程》重申了这样的阐述(在以往的章程如 2002 年和 2007 年的章程中也有相关阐述)：

> 我国正处于并将长期处于这会主义初级阶段。这是在经济落后的中国建设社会主义现代化不可逾越的历史阶段，需要上百年的时间。

此外，在上述《中国共产党章程》中，均设定了两个百年目标（俗称百年大计）：

> 在新世纪新阶段，经济和社会发展的战略目标是，巩固和发展已经初步达到的小康水平，到建党一百年时（2021年），建成惠及十几亿人口的更高水平的小康社会；到建国一百年时（2049年），人均国内生产总值达到中等发国家水平，基本实现现代化。

这两个100年的目标已经被载入以前的章程中，如2002和2007年。正如20世纪80年代中早期，中共主席胡耀邦曾预测，为了富国强民，中华人民共和国将要在21世纪的头30至50年间努力奋斗（von Senger 1985b）。

中国的寓言故事"愚公移山"更加表明中国规划周期比美国的最长规划的周期还要长得多。这个故事讲的是很久以前一位住在中国北方的老翁，他的房子门前有太行山和王屋山两座大山，挡住了出行的道路，于是他下定决心带他的儿子们开始移山。当另外被称为充满智慧的老翁智叟看到他们这种举动时不屑的说道："你们实在太愚蠢了！你们几个人怎么可能把这两座大山搬走呢？"愚翁说："我死后，我的儿子们会继续挖，我的儿子们死后，我的孙子们来挖，就这样子子孙孙不停的挖下去，无穷无尽。这两座山不会变的更高，只要我们挖一次，它就会变得矮一点，为什么我们不能把它移走呢？"

这一高瞻远瞩的视野同样地在常被引用的陈澹然(1860-1930)的文字中反映出来：

> 自古不谋万世者，不足谋一时；不谋全局者，不足谋一域。（李炳彦 1983:4）

中国的政治谋略对西方商人来说也意味深长。这里我要讲的一点是中国直至2021年和2049年的长期规划。在这样长的时间周期里，中国需要与国外商业保持联系，不然它将不能突破"长期"的"社会主义初级阶段"的落后局面，这对于西方商人来说意味着一种高度的规划上的保障。另一方面，西方人不应该忽视"谋略"的第二个方面，而应熟知中国的智谋学。如果没有这些知识，他们是无法与中国商业伙伴的智谋相匹敌的。

克服本土的"编码眼光 (encoded eye)"

我创造一个新的西方词语 (supraplanning) 的做法，与王斯福 (Stephan Feuchtwang) 提供的一个范例雷同。他把费孝通的术语"差序格局"翻译为"social egoism"，这与韩格理 (Gary Hamilton) 翻译的为"differential mode of association"不同。我创造的"supra-planning"不是对"谋略"进行字面上的翻译，而是试图抓住其智识上的意义，类似"social egoism"所表达的"差序格局"的意思。"social egoism"和"supraplanning"一样不是一个直接的词对词的翻译，而是试图反映出词语的内涵。

的确，"supraplanning"并非我为了翻译中文而造出的第一个新词。我曾经造过一个新的德语词汇"Polaritätsnorm"来对应中文的"方针"。中国共产党在党的规范中经常采用"方针"来处理事物中的"对立面"，例如"一国两制"或"自力更生为主，力争外援为辅"，斯图尔特·R·施拉姆 (Stuart R. Schram) 将"Polaritätsnorm"译为"二元规范"(von Senger, 1985a: 171-207, esp.177)。英语通常都将这类的"方针"翻译译为"方向 orientation"或"一般政策 general policy"，但是，这些英语词汇都没有揭示出中国共产党"方针"的巧妙智识结构。

纵使中文词汇再有本土性，也并不意味着一定要造许多新词。其实，发现恰当的西方词汇能成为翻译中文词汇的优秀"桥梁"。例如，中文"三十六计"中的"计"，就能很好的由"stratagem"来表达，这源于古希腊词汇"strategema"，在现代西方英语中又有两个意义 1) 军事计谋 2) 普通意义上的计谋。(von Senger, 1991:1 ff.)

创造一个新的西方词汇来翻译"谋略"有什么用呢？

首先，通过这个新词，希望普通的西方人能够知道

- 中国有自己的词汇和概念。
- 以英语和德语为例，在面对复杂的世界它们有时太过于本土和狭窄。
- 以他们本土语言的词汇为基础，他们并不了解外国文化遗产中的所有的细微差别。

如果"supraplanning"这个新的词哪怕只是冲击了西方人一点点，因为如果不给他们解释，他们第一次接触到它就不知道这意味着什么，这已是一个很好的效果。西方人应该警惕他们可能有"受到其文化基本代码支配的眼光"（福柯 2008: 第 8、9 页）。他们应该知道，自己的"编码眼光"

是由其语言、文化传统、知觉框架、价值观及其实践方式等因素所支配的。当然，中国人也有自己的"编码眼光"。在跨文化的相互交流中，每个人都必须警惕其"编码眼光"。这也是费孝通所说的"亮点"(Fei,1992:56页)，他说"我们总是忽视我们生活中无关的东西"(Fei,1992:56页)，对我而言这是福柯所说"编码眼光"的另一种表达方式。在西方"编码眼光"中似乎无关的东西往往在现实中就有关联了。西方的"编码眼光"也许与西方世界很相称，但却可能和整个世界不相称，而中国是世界很重要的一部分。从这个意义上而言，费孝通在《乡土中国》的观点和《被土地束缚的中国》(Fei and Chang, 1945)的概念不仅有其中国根基，也有全球性的意义。在21世纪，"被土地束缚的中国"和"被土地束缚的西方"应该一方面保持其本土性，而相应的也应该向彼此开放，以真诚、创造性的方式，推动真正的相互理解，这不仅仅是一个幻想，而是建筑具有本土关联的"词语桥梁"。如果像我们这样的"研究中国的外来者"(Hamilton and Chang, 2011:22) 朝这个方向努力，我们一定能够为西方文化带来"特别的维度"(Hamilton and Chang, 2011:22)。

参考文献

The American Heritage Dictionary of the English Language. 1981. Boston: Houghton Mifflin Company.

Ames, Roger. 1993. *Sun-Tzu: The Art of Warfare, the first English translation incorporating the recently discovered Yin-ch`ueh-shan texts. Translated with an introduction and commentary*. New York: Ballantine Books.

柴宇球主编：《谋略库》，北京：蓝天出版社，1991年第4版，前言。

Detweiler, Christopher. 2010. *An Introduction to the Modern Chinese Science of Military Supraplanning*. (Ph.D. thesis). University of Freiburg. Available at: < http://oatd.org/oatd/record?record=oai\:freidok.uni-freiburg.de-opus\:7726>, [accessed 18 August 2013].

费孝通：《乡土中国》，北京：三联书店，1985[1947]年

—— 1992. *From the Soil: The Foundations of Chinese Society. Translation of Fei Xiaotong"s Xiangtu Zhongguo with an introduction and epilogue* by Gary Hamilton and Wang Zheng, Berkeley: University of California Press.

费孝通，张之毅：《被土地束缚的中国：云南乡村经济研究》，伦敦，1948年。又名：《云南三村》，中国社会科学文献出版社，2006年 (Hsiao–T'ung, Fei and Chih–I, Chang. 1948. *Earthbound China: A Study of Rural Economy in Yunnan*. London: Routledge & Kegan Paul, 1948)

Foucault, Michel. 2008[1966]. *Les mots et les choses: Une archéologie des sciences humaines*. Paris: Gallimard.

— *The Order of Things: An Archaeology of the Human Sciences.* 1982[1970]. Pantheon Books.

[法] 米歇尔·福柯著，莫伟民译，《词与物人文科学考古学》，上海三联书店，2002年，前言。

赖安尔·翟尔斯 (Lionel Giles 翻译和评论)：《孙子兵法》，上海／伦敦，1919年原版；台北1964年再版)。(Giles, Lionel. 1964[1919]. *Sun Tzu on the Art of War. Translation, introduction and critical notes.* Reprinted in Taipei: Literature House, Ltd.)

Gore, Al. 2008. 17 July *Speech on Climate Change.* [online] Available at: <http://www.mahalo.com/al-gore-climate-change-speech-july-17-2008> [Accessed 18 August 2013].

Griffith, Samuel. 1980[1963]. *Sun Tzu: The Art of War. Translation and Introduction, with Foreword by Basil Liddell Hart.* London/Oxford/New York: Oxford University Press.

Hamilton, Gary and Chang, Xiangqun. 2011. 'China and World Anthropology – A conversation on the legacy of Fei Xiaotong' (1910-2005), *Anthropology Today,* No.6.

Jullien, François. 1996. *Traité de l'efficacité.* Paris: Grasset.

Klöpsch, Volker. 2009. *Sunzi. Die Kunst des Krieges: Übertragung aus dem Chinesischen und Nachwort.* Frankfurt a.M. und Leipzig: Insel Verlag.

李炳彦：《兵家权谋》，北京：解放军出版社，1983年.

李炳彦，孙兢：《军事谋略学》(上下)，北京：解放军出版社，1989年.

Liddell Hart, Basil. 1967[1954]. *Strategy.* 2nd Edn. Meridian/New York: Penguin.

Liddell Hart, Basil. 1980[1963]."Foreword"in Samuel Griffith, *Sun Tzu: The Art of War. Translation and introduction.* London, Oxford and New York: Oxford University Press.

Minford, John. 2003. *The Art of War. Sun-tzu (Sunzi). The essential translation of the classic book of life.* New York: Penguin.

Niquet, Valérie. 2006. *Sun Zi. L'art de la guerre. Traduction et édition critique.* Paris: Economica.

钮先钟：《钮先钟论孙子兵法》，见司马琪 主编：《十家论孙》，上海：上海人民出版社，2008年。

The Oxford English Dictionary. 1933. Vol. 10, Oxford: Clarendon Press.

Prestat, Maurice. 2006. 'Introduction' in Valerie Niquet, *Sun Zi. L'Art de la guerre. Traduction et edition critique.* Paris: Economica.

Sawyer, Ralph. 2007. *The Tao of Deception: Unorthodox Warfare in Historic and Modern China.* New York: Basic Books.

Sawyer, Ralph and Sawyer, Mei-chün Lee. 1994. *Sun-tzu: The Art of War. Translation, introductions and commentary.* Boulder: Westview Press.

von Senger, Harro. 1985a. 'Recent Developments in the Relations between State and Party Norms in the People's Republic of China' in Stuart Schram (Ed.), *The Scope of State Power in China.* London etc.: SOAS and The Chinese University Press.

— 1985b. 'Zukunftsziele im Reich der Mitte'. *Neue Zürcher Zeitung,* 10 April p. 5.

— 1991. *The Book of Stratagems,* New York: Penguin.

— 1995. 'Earthbound China - Earthbound Sinology: On the Feasiblity of Cultural Transfer from China to Europe'. *Archív Orientální* (63): 352-359.

— 2008. *Supraplanung: Unerkannte Denkhorizonte aus dem Reich der Mitte.* München: Hanser Verlag.

— 2011. *Meister Suns Kriegskanon: translation, annotation and commentary.* Stuttgart: Philipp Reclam jun.

— 2013. *Die Klaviatur der 36 Strategeme: In Gegensätzen denken lernen,* München: Hanser Verlag.

Webster's Third New International Dictionary of the English Language Unabridged. 1976. Springfield: G. & C. Merriam Company.

叶晓楠：《吴江纪念费孝通百年诞辰》,《人民日报 (海外版)》, 2010 年 10 月 25 日第 04 版。人民网 (http://paper.people.com.cn/rmrbhw b/html /20 10–10/25/ content_653151.htm).

英帆 编译：《外国领导人访华讲话选编》(英汉对照), 北京：中国对外翻译出版公司，1988 年 .

《中国共产党章程》(17 大), 2007 年 10 月 21 日通过，英汉对照，中国日报网 (http://www.chinadaily.com.cn/language_tips/2007–10/31/content_6219108.htm).

《中国共产党章程》(18 大), 2012 年 11 月 14 日通过，汉英对照，中国网 (http://www.china.org.cn/chinese/18da/2012–11/19/content_27156212_ 2 .htm).

中华人民共和国中外合资经营企业法 (1979 年), 中国法院网 (http://old.chinacourt.org/flwk/show.php?file_id=1072).

胜雅律教授 (Harro von Senger)，德国弗莱堡大学的汉学荣休教授，瑞士比较法研究所的专家、法官，也是中国军事研究专家。著有《商业 36 计：通过隐藏和非常规的战略战术实现自己的目标》,《智谋：制胜与生存的战术》，翻译成十几种语言。

[中级阅读]

桥梁与假肢

宣力 编[1]

著名社会学家费孝通在他的著作《乡土中国》中提出,"文化靠记忆传承。因此词是最重要的桥梁。"这些词语表达就像桥梁一样,存在于几代人之间。老一辈的中国人和年青一代中国人,因为有语言这个桥梁可以交流,所以文化得到延续。

汉学研究的是中国文化,所以离不开观察中文,借助汉语的词汇。可是,语言会有词不达意的时候,儿童文学作品《小王子中》有一句话说:"语言是误解的源泉。"("Language is the source of misunderstandings"),表达的就是这个意思。而跨文化翻译的局限更大,造成的误解也更多。英文中也有一个表达,"Lost in translation"说的是翻译造成的错觉,以及翻译在文化面前的无能为力。

汉学家胜雅律先生关心中文中的概念和语言,在翻译成外文的过程中是如何受到影响的。他详细地比较了中文"谋略"一词在英文文献中的各种翻译,认为把"谋略"翻译为"战略",只是抓住了词义的一个侧面,没有将真实意义解释清楚,因而形成文化上的错觉。

胜雅律先生认为语言及其表达的概念在跨文化交际中,要保持本土化。他强调翻译中要克服"编码眼光",不能简单地进行词与词的直接转换,而是要深入理解中国的文化历史和中国人的思维方式,去寻找准确的翻译。

---

[1] 本文是作者根据发表在本刊的胜雅律 (Harro von Senger) 的原作:《谋略 (Supraplanning):关于在中西方文化交流语境下翻译本土词汇及其概念的理解问题》一文,节选、改编并改写为社科汉语的中级读物。感谢广州大学中文系王凤霞教授在伦敦大学亚非学院访问期间对本文的帮助,同时谢谢全球中国学术院的志愿研究、翻译和编辑人员的积极参与,他们是:中国重庆大学法学院博士候选人杨宇静、香港理工大学中国语言文学专业硕士研究生王思齐、以及双语系本科生王冰然和武潇潇。

通讯作者:宣力 (Lik Suen), SOAS, University of London。邮箱: lx@soas.ac.uk

只有这样，语言才能成为跨文化交流中的桥梁，而不是似是而非，功能有限的"假肢"。

标签：社科汉语　　　　级别：中级　　　　字数：506

生词

桥梁	qiáoliáng	bridge
假肢	jiǎzhī	artificial limb
著作	zhùzuò	book
靠	kào	by; rely on
记忆	jìyì	memory
传承	chuánchéng	inheritance
存在	cúnzài	exist
辈	bèi	generation
代	dài	generation, era
交流	jiāoliú	exchange
延续	yánxù	continue; the continuation of
观察	guānchá	observation
借助	jièzhù	with the help of
误解	wùjiě	misunderstanding
源泉	yuánquán	source
表达	biǎodá	expression
跨文化	kuà wénhuà	intercultural; cross cultural
翻译	fānyì	translate, translation
局限	júxiàn	limit; limited
错觉	cuòjué	illusion
概念	gàiniàn	concept
详细	xiángxì	detailed
谋略	móulüè	strategy
战略	zhànlüè	strategy
抓住	zhuāzhù	catch; grasp
侧面	cèmiàn	side
真实	zhēnshí	true
因而	yīn'ér	thus

形成	xíngchéng	form
交际	ji-aojì	communication
本土化	běntǔ huà	localization
克服	kèfú	overcome
编码	bi-anmǎ	code; coding
眼光	yǎngu-ang	vision
直接	zhíji-e	direct
转换	zhuǎnhuàn	change; transformation
深入	sh-enrù	thorough; in-depth
思维	s-ıwéi	thinking
方式	f-angshì	mode; method
准确	zhǔnquè	accurate
功能	g-ongnéng	function
有限	yǒuxiàn	limited

短语

词不达意：Cí bù dá yì	The language fails to express the meaning
无能为力：Wú néng wéi lì	powerless; incapable of action
似是而非：Sì shì ér f-ei	appears / looks right, but is in fact wrong
受到影响：Shòudào yǐngxiǎng	to be affected

思考题

1) 文章中的"桥梁"与"假肢"指的是什么？
2) "语言是误解的源泉。"你同意这个说法吗？可以举几个例子吗？
3) 胜雅律先生说的"编码眼光"是什么意思？

详细阅读：

请参考本期胜雅律原文：《谋略 (supraplanning) —— 中西文化交流中本土词汇与概念转换的问题》

宣力女士 (Lik Suen)，英国伦敦大学亚非学院中国与内亚文化和语言系教师；亚非学院中国研究院和翻译中心成员，曾任伦敦孔子学院 (LCI) 副院长。曾先后在香港、美国和英国从事对外汉语教学近 20 年。教授的课程包括：初级汉语、中级汉语、现代汉语高级读物、初级广东话及其口语。她是英国汉语考试委员会主考官，主编《中学阶梯汉语》(*Get Ahead in Chinese*)，《步步高中文》(*Chinese in Steps*) 等系列教材。

[高级阅读]

用"三十六计"解读中国的政策法规[1]

宋连谊　编

　　语言不仅是过去与现在、同一文化下代际之间的桥梁，更是不同文化的人们之间的桥梁。本文聚焦于中西文化交流，即在讲述文化之间语言及语言所带来的概念的转换。

　　本土的语言和概念能够被转译为另一种文化吗？这种转译方法能够使其在另一种文化环境中被理解甚至实践，而同时保持它的本土性？

　　什么是"本土词汇"？即是那些在外文词语中很难找到能与之准确对应的词汇。面对这样的词语，人们经常用一种简单的方法，即选择一种便捷的翻译方式，用一个已经存在的、表面看来似乎对应的外语词汇去套，因此，就往往错过了"本土词汇"的真正意义。

　　在此，我以中文的"谋略"这一深深扎根于古代和现代中国的规划艺术 (Art of Planning) 的词汇为例。

　　就这个"神秘"的中国词汇"谋略"而言，那些中国作者在试图将"谋略"翻译成英语语汇时却简单地使用了诸如"策略"或"战略"等术语。在西方，中文术语"谋略"至今仍未受到学术界的关注。在美国的出版物中，少有的几位专家把"谋略"译成英语 (Detweiler 2010: 9, 13-15)。

---

[1] 本文是作者根据发表在本刊的胜雅律 (Harro von Senger) 的原作：《谋略 (Supraplanning)：关于在中西方文化交流语境下翻译本土词汇及其概念的理解问题》一文，节选、改编并改写为社科汉语的高级读物。感谢南昌大学外语学院、剑桥大学访问学者徐海燕副教授对本文的帮助，同时谢谢全球中国学术院的志愿研究、翻译和编辑人愿的积极参与，他们是：上海应用技术学院社会工作系副教授刘群博士、英国谢菲尔德大学东亚研究系博士候选人郭成倩，以及香港理工大学翻译专业硕士研究生王思蘦。

通讯作者：宋连谊 (Lianyi Song), SOAS, University of London。邮箱：ls2@soas.ac.uk

一些中国和美国的作者或机构太过简单的使用诸如"战略欺骗"(strategic deception)、"计谋"(stratagem)、"战略与计谋"(strategy and stratagems) 或"战略 (strategy)",作为"谋略"的表达方式。

"谋略"是什么意思?就专业意义而言,它有着相当特殊的含义,而西方本土语言中是没有合适的术语来描绘的。除非在西方语言中创造出一个新的表达法。

理解谋略含义最关键的一点是"谋略"高于"战略",也就是说"谋略"在规划中位于战略之上 (拉丁文为 supra),而在西方最高的规划水平是战略。我不认为西方在规划方面存在高于战略规划水平的词汇。

《孙子兵法》最高的境界是"不战而屈人之兵",通常解释为"不通过战争来征服敌人"(Jullien 1996: 63)。

据我所知,尽管这里写"人",而非"敌",所有西方翻译家和西化了的华人翻译家对这句话的翻译都与这个句子的原意有所偏离,将其翻译为"敌"。

基于这个对"人"的解释,我对这个句子的翻译如下:

> Without using arms to subdue the army of the men of the other side is the best.

通过这个翻译可见,这句话不是着眼于"敌"字上,而是将"人"凸显出来了。这样,较之于很多西方人和西化的中国人的翻译,这个句子就获得了新的以及更长时段的维度。这个例子表明了对自身本土性和对中国本土思维认识的重要性。

顺便提及,在我们眼皮下"不战而屈人之兵善之善者也"难道不正在被中华人民共和国使用吗?比如她并未把台湾视作一个"敌人",多年以来通过越来越紧密的经济关系,使台湾人的"独立"越来越不可能,这是一种如"熊猫爪子"般轻柔,又不引人注意的和平统一的做法。

由于"战略"或"大战略"(grand strategy) 不适合中国传统军事思维中的极度"长时段" (Jullien 1996: 101) 的预测视野,因而我建议不用已有的西方术语来描述《孙子兵法》中的规划的艺术,而是用中文词语"谋略"。但"谋略"应该如何翻译以保持其本土性?由于中国谋略高于(拉丁文为 supra) 西方的战略,因此我选用"supraplanning"这个词作为"谋略"的英文翻译。

中国的谋略实践

1979 年 7 月 1 日颁布的《中华人民共和国中外合资经营企业法》第 5 条规定：

> 合营企业各方可以现金、实物、工业产权等进行投资。外国合营者作为投资的技术和设备，必须确实是适合我国需要的先进技术和设备。如果有意以落后的技术和设备进行欺骗，造成损失的，应赔偿损失。

以谋略之眼光来看，你很快就会意识到在这一法规中，至少三十六计中的两个计谋都在其中，第十九条"釜底抽薪"和第三十条"反客为主"。中华人民共和国以合资的法律形式将先进的技术从西方企业中吸取出来的策略（釜底抽薪），从而达到反客为主的目的，即从一个依靠外国技术的国家变成一个有自己技术的国家。从谋略的角度来说，即便是在阅读法律文本时也应该随时铭记于心，很可能有某些计谋隐藏其中。

理查德·尼克松在北京大学的一次演讲中说：

> 有这样一种说法，美国人思考几十年的事……但是中国人思考几个世纪的事。（英帆 1988: p. 210 f.）

而阿尔·戈尔在他的《重塑美国力量的时代挑战》(2008 年 7 月 17 日)的演讲报告中讲到：

> 十年是我们这个民族能建立并完成目标的最长期限。(Gore, 2008)

也就是说最主要的西方国家的战略规划水平最长也不过是 10 年。在中国则完全不同，邓小平在 1992 年的南巡过程中曾这样说过：

> 坚持党的基本路线，一百年不动摇。

在 2012 年 11 月 14 日《中国共产党章程》重申了这样的阐述（在以往的章程如 2002 年和 2007 年的章程中也有相关阐述）：

> 我国正处于并将长期处于这会主义初级阶段。这是在经济落后的中国建设社会主义现代化不可逾越的历史阶段，需要上百年的时间。

此外，在上述《中国共产党章程》中，均设定了两个百年目标（俗称百年大计）：

在新世纪新阶段，经济和社会发展的战略目标是，巩固和发展已经初步达到的小康水平，到建党一百年时 (2021 年)，建成惠及十几亿人口的更高水平的小康社会；到建国一百年时 (2049 年)，人均国内生产总值达到中等发国家水平，基本实现现代化。

这两个 100 年的目标已经被载入以前的章程中，如 2002 和 2007 年。正如 20 世纪 80 年代中早期，中共主席胡耀邦曾预测，为了富国强民，中华人民共和国将要在 21 世纪的头 30 至 50 年间努力奋斗 (von Senger 1985b)。

中国的寓言故事"愚公移山"更加表明中国规划周期比美国的最长规划的周期还要长得多。

中国的政治谋略对西方商人来说也意味深长。这里我要讲的一点是中国直至 2021 年和 2049 年的长期规划。在这样长的时间周期里，中国需要与国外商业保持联系，不然它将不能突破"长期"的"社会主义初级阶段"的落后局面，这对于西方商人来说意味着一种高度的规划上的保障。另一方面，西方人不应该忽视"谋略"的第二个方面，而应熟知中国的智谋学。如果没有这些知识，他们是无法与中国商业伙伴的智谋相匹敌的。

纵使中文词汇再有本土性，也并不意味着一定要造许多新词。其实，发现恰当的西方词汇能成为翻译中文词汇的优秀"桥梁"。例如，中文"三十六计"中的"计"，就能很好的由"stratagem"来表达，这源于古希腊词汇"strategema"，在现代西方英语中又有两个意义 1) 军事计谋 2) 普通意义上的计谋。(von Senger, 1991: 1 ff.)

创造一个新的西方词汇来翻译"谋略"有什么用呢？

首先，通过这个新词，希望普通的西方人能够知道中国有自己的词汇和概念。

- 以英语和德语为例，在面对复杂的世界它们有时太过于本土和狭窄。
- 以他们本土语言的词汇为基础，他们并不了解外国文化遗产中的所有的细微差别。
- "Supraplanning"这个新的词可能会对西方人产生一点点冲击，因为如果不向他们解释，他们就不知道这词意味着什么。这种冲击哪怕只是一点点，也就达到了我期望这个词所产生的效果。

词汇

代际	dài jì	intergenerational
便捷	biànjié	convenient
套	tào	to fit something into a frame
扎根	zhágēn	rooted
诸如	zhūrú	such as
术语	shùyǔ	terminology
偏离	piānlí	deviate
凸显	tūxiǎn	highlight
维度	wéidù	dimension
产权	chǎnquán	property
眼皮	yǎnpí	the eyelids
赔偿	péicháng	compensation
铭记	míngjì	always remember
重塑	chóng sù	remodeling
南巡	nán xún	inspection tour of the South
阐述	chǎnshù	elaborate
章程	zhāngchéng	constitution
小康	xiǎokāng	fairly well-off
惠及	huìjí	to benefit
寓言	yùyán	fable
智谋	zhìmóu	resourcefulness
匹敌	pǐdí	rival
纵使	zòngshǐ	even though

短语

釜底抽薪	fǔ dǐ chōu xīn	take away the firewood from under the cauldron; drastic; a fundamental solution
反客为主	fǎn kè wéi zhǔ	turn from a guest into a host
铭记于心	míng jì yú xīn	keep in mind
隐藏其中	yǐn cáng qí zhōng	hidden among

不可逾越	bù kě yú yuè	insurmountable, impassable
愚公移山	Yú gōng yí shān	Foolish Old Man removed the mountains; the determination to win victory and the courage to surmount every difficulty
孙子兵法	Sūnzǐ bīng fǎ	*Sun Tzu's Art of War*; *Sun Zi's Art of War*
三十六计	sān shí liù jì	Thirty-Six Stratagems

练习 1 词语学习 - 将下列词语译成英文：

政策法规	代际之间	概念转换	据我所知
凸显出来	法律文本	相关阐述	设定目标
百年大计	初步达到	富国强民	努力奋斗
意味深长	商业伙伴	文化遗产	细微差别

练习 2 讨论题

1) 你如何理解并翻译下列词语？他们有什么区别？
   计战略　计谋　策略　战术　谋略

2) 谈谈你对"谋略"的理解，并试着选用生活、战争、商业、政策、法规等方面中的例子加以说明。

宋连谊博士 (Lianyi Song)，英国伦敦大学亚非学院中国与内亚文化和语言系高级讲师；亚非学院中国研究院和翻译中心成员。在英国获得教育学博士学位前后从事对外汉语教学20多年。他教授的课程包括：中文、高级中文、商务中文、汉译英等；研究兴趣为中文教学法、话语分析和中文应用语言学。其汉语教学著述包括《普通话自学入门》《十天会说普通话》《自信地说普通话》《普通话初学者》《普通话会话》，以及《中文读写脚本》等。

《社科汉语研究》(中文版) *Journal of Chinese for Social Science*
© 环球世纪出版社 Global Century Press
[JCSS 2 (2023) p26-52]
刊号 ISSN 2633-9501 (印刷版) 刊号 ISSN 2633-9633 (电子版)
DOI https://doi.org/10.24103/JCSS.cn.2023.4

[阅读材料]

基于中国文化语境重读韦伯[1]

苏国勋

摘要：本文探讨了韦伯在《儒教与道教》中的观点，特别是他对儒教和清教理性主义的不同解释。文章指出，韦伯认为清教的理性主义旨在支配世界，而儒教则在于适应世界。这种不同导致了中西方文化和社会发展的差异。作者分析了韦伯的比较宗教研究，认为其存在"欧洲中心论"偏见，未能充分理解中国文化的内在逻辑和特点。文章强调了中国文化的"内在超越性"及其在现代化过程中的独特价值。

关键词：韦伯，中国文化，理性主义，儒教，欧洲中心论，现代化

一，缘起

《基于中国文化语境重读韦伯》探讨了韦伯在《儒教与道教》中的观点，特别是他对儒教和清教理性主义的不同解释。文章指出，韦伯认为清教的理性主义旨在支配世界，而儒教则在于适应世界。这种不同导致了中

---

[1] 本文是中国韦伯研究专家、中国社科院社会学研究所苏国勋研究员（1942-2021 年）应"韦伯与中国：文化、法律与资本主义"国际大会(Max Weber and China: Culture, Law and Capitalism)邀请所提交的主旨演讲稿的原稿（约 25,000 字）。该稿草于 2012 年 9 月 12 日，作者在哈尔滨工程大学人文社会学院兼职期间，于 2013 年 5 月 30 日修订于北京岸边寓所。由于作者身体欠佳，未能亲临是年 9 月 5-6 日在伦敦大学亚非学院召开的上述国际大会，会议主办方缩写的讲稿未能完美地体现作者的意图。全球中国学术院院长常向群教授于 2019 年在北京苏先生的潘家园寓所再次拜访了他，并得到授权在适当的时候完整发表此文。一晃到了 2021 年，惊闻苏先生于 2 月 1 日不幸离世，本文全文首发于《社科汉语研究》2023 年第 2 期，旨在作为汉语中级和高级阅读部分的参考文献，请读者结合后面的三篇汉语中级阅读和一篇高级阅读，也对感兴趣的读者了解苏先生对韦伯相关研究完整的思考，以资纪念苏先生。

通讯作者：苏国勋（1942-2021 年），中国社会科学院社会学研究所。

西方文化和社会发展的差异。作者分析了韦伯的比较宗教研究，认为其存在"欧洲中心论"偏见，未能充分理解中国文化的内在逻辑和特点。文章强调了中国文化的"内在超越性"及其在现代化过程中的独特价值伯在其《宗教社会学论文集》的总序中开宗明义地指出其比较文化研究的宗旨，在于找出导致现代资本主义在欧洲产生的原因。他在详细考察了东西方世界在宗教、文化、科学技术、法律、行政、事业经营诸领域中的不同特征后，认为西方文化具有一种其他文化所没有的、"具有普遍意义和价值之方向"，即独特形态的"理性主义"，这种社会生活的理性化在法律、政治、经济领域的表现就是"形式合理性"(formal rationality) 占主导地位以及在科学领域中"理论合理性"(theoretical rationality) 占支配地位，再加上其他一些社会结构和制度因素的配合，终导致现代资本主义在欧洲得以产生。这篇总序可以归结为"资本主义精神与理性化"，但帕森斯却把它译为"作者序言"(author's Introduction) 并置于《新教伦理与资本主义精神》(以下简称《新教伦理》) 一书之前，故很长时间被人误解是专为此书撰写的序言。尽管韦伯在《中国的宗教：儒教与道教》(以下简称《儒教与道教》) 中从相对主义出发认为以儒教为代表的中国文化也属于理性主义，但儒教的这种理性主义与以清教(Puritanism) 为代表的西方文化的理性主义具有重要差别：即"清教的理性主义意在理性地支配(Beherrschung/mastery) 世界，儒教的理性主义意在理性地适应(Anpassung/adjustment) 世界"。[韦伯2004，332] 在韦伯的解释中，清教徒本来出于宗教动机——拒斥现世诱惑而专注灵魂拯救，但经过"预定论"和"天职观"教义的转折，却导致教徒专注经济行为，这本是一种"在世而不属世"(in the world and not be of the world) 无心插柳柳成荫式的非预期行为，显示了基督教"从内向外"的超越性。西方宗教的这种禁欲思想表现为一体两面：一面是拒斥现世；另一面是凭借着拒斥卡里斯马人物的非凡能力而获得超越现世的巫术般力量，从而支配世界。"真正的基督徒，出世而又入世的禁欲者，希望自己什么也不是，而只是上帝的一件工具；在其中，他寻得了他的尊严，既然这是他所期望的，那么他就成为理性地转化与支配这个世界的有用工具"。[同上，333] 在韦伯看来，儒教缺乏这一"将世界加以理性化的转化的工作"。[同上325] 换言之，一心引导人们诚意、正心、格物、致知的"内圣"功夫，怎么就能转化成修身、齐家、治国、平天下的"外王"抱负和事功业绩，其间缺少类似清教徒的"预定论"、"天职观"那种中介式的杠杆，再加上其他一些因素的配合（如家产官僚制社会结构等），导致儒家专注内在道德修养和个人人格自我完善，而忽视外在事功，终使科学认知和民主政治在中国无法得到长足发展。换言之，儒学在政治经济领域缺乏形式合理性而在科学认知领域缺乏理论合理性，最终导致中西文化的不同走向。作为全书的结论，韦伯的这一认识是从比较历史的长时段对中西文化的本质特征做出的画龙点睛式的概括，一方面表现出高屋建瓴、俯览全球主要文明未来走向的宏大气魄，充满了那一时代德国人文学者的博识和洞见；另一方面在具体细节上可说瑕瑜互见，代表了他那一时代欧洲学者对中国文化的误读和认知不足的一面。

韦伯关于亚洲宗教的论述，集中在《儒教与道教》)和《印度教与佛教》两书，至于他对《古犹太教》的论述，虽然地缘上属于西亚，但其影响主要在亚洲以外的欧美基督教世界，故不在亚洲宗教论列。在韦伯看来，倘从亚洲文化上考察，中国文化在其中扮演了类似法兰西在近代欧洲的角色，而印度哲学则可媲美于古代的希腊[韦伯，2005，460]。这表明韦伯的比较文化研究之参照标准是欧洲文化，他对中国宗教和其他东方宗教的论述，犹如上面这个譬喻一样，只是为了突显西方文明的特色而用来作为反衬，因而难于超脱他那时代欧洲殖民者所固有的"西方中心论"心态。

大体说来，中国人在接受韦伯的早期（1980年代），适逢改革开放政策推行伊始，社会科学界刚刚与国际学术界接触，更多地在于了解外界的情况，奉行"拿来主义"作法，当时关注作为中国文化的异在他者(the other)——西方文化——对中国文化的看法、论述和挑战，按照中国人"兼听则明"的古训，以期通过学习别人长处弥补自己之不足，从中汲取自我发展的参考借鉴。如果说那时是对韦伯思想的学习、接受阶段，那么三十年后的今日则处于一种消化和反思的时期，更多地表现出中国人在对外文化交往中的文化自觉 (cultural awareness)。

近年来，随着中国经济社会在世界舞台上的崛起，中国持续快速发展与文化之间的关系已引起国际学术界的广泛瞩目。韦伯在生命的最后十年致力于东方宗教研究，写作和修订了《儒教与道教》一书并把它置于"世界诸宗教的经济伦理"比较研究系列的首要位置，表明中国文化在他心目中的具有重要地位。新千年第二个十年恰逢韦伯忌辰一百周年，也是《儒教与道教》一书出版一百年，如果说1970–80年代围绕东亚儒家文明圈的"四小龙"经济腾飞与韦伯的"新教伦理"命题之间关系成为上一波"韦伯热"的中心话题，或许《儒教与道教》一书所表达的中国文化观与当代中国的发展之间关系将成为人们关注的中心。

二，韦伯思想的启迪

韦伯早年毕业于柏林大学法律系并获法学博士学位，但终其一生都在几所著名大学讲授经济史并被聘为经济学教授，而学术界又都公认他是著名社会学家。他的几本主要著作，无论是从文化论上着眼的《新教伦理》和题为"世界诸宗教的经济伦理"一系列比较文化－历史研究，抑或从制度论视角立论的洋洋数百万言的鸿篇巨制《经济与社会》，都被认为是社会学这门学科的理论奠基之作。韦伯在暂短的二十余年的学术生涯中徜徉于社会科学几个主要领域，留下了丰厚的学术遗产，成为社会科学界的泰斗，实属德国学术界的一个异数。无怪乎追随并深受其思想影响的雅思贝尔斯在韦伯逝世当年发表的一篇纪念演说中就曾表示，把他定位属于某一专业领域或某一学科是不恰当的，韦伯是"我们时代中精神上的伟人"，"人文学科的伽利略"（雅思贝尔斯，1992）。

20世纪80年代前后，当中国社会学界引入韦伯思想之际，正值国际学术界关注东亚经济腾飞与传统儒家文化之间相互关系的时刻。在此之前，美国汉学家曾就"儒家传统与现代化"的关系先后在日本和韩国召开了两次国际学术研讨会；80年代初，香港也举行了"中国文化与现代化"的国际学术会议。中心议题就是探讨儒家伦理与东亚经济起飞的关系。许多人试图用韦伯的宗教观念影响经济行为的思想去解读东亚经济崛起和现代化问题；其中有将"宗教伦理"视为"文化价值"者；也有将"儒家文化"当作"新教伦理"的替代物者，在解释东亚经济崛起和现代化时把儒家传统对"四小龙"的关系比附为基督教对欧美、佛教对东亚的关系；还有人将韦伯论述的肇源于西欧启蒙运动的理性主义精神推展至西方以外，譬如日本，等等。所有这一切，无论赞成者抑或反对者，都使传统上受儒家文化影响的地区围绕东亚经济腾飞而展开的文化讨论，与韦伯关于现代资本主义起源和中国文化的论述发生了密切关系。处于这样的情境和氛围之下，加之当时在国内推行改革开放政策伊始，由于较长时间的唯物主义教育而避谈精神、观念对社会行为的影响作用，而一旦开放并开始接触外界事物，致使人们更多地关注韦伯的《新教伦理》以及总题为"世界诸宗教的经济伦理"的系列比较文化－历史研究，顺理成章地就把韦伯诠释成为一个文化论者。相对而言，那时较少关注制约人们社会行为背后的经济－制度因素的至关重要作用，因而对以《经济与社会》这部论述其经济社会学主张的晚期（1910年以后）著作（包括《经济通史》以及为其比较宗教社会学所写的"'世界诸宗教的经济伦理'总序"等）在韦伯社会学思想成长中重要的整合作用认识不足，总认为与物质利益相关的经济制度方面的问题属于经济学范畴，并非社会学的论域。

稍后随着中国经济增长规模的不断壮大，物质利益因素在社会生活中所扮演的角色愈益显现，人们对韦伯经济社会学思想的兴趣也日益增长，加之随着新制度经济学的引入，人们开始更多地从利益分析角度看待其社会学主张，与此相联系，对韦伯的研究也就自然地转向从制度论面向加以解读。从近年来国内学术界有关经济学与其他学科关系的讨论中不难看出，经济学家大多从利益驱动的角度解读社会生活，而社会学家则更看重社会结构的作用，这也符合20世纪国际学术界的一般趋势。在社会学内部，具体到对韦伯思想的认识上，也存在着文化论视角与制度论视角的分野，其间的一个差别表现在，文化论者更重视它的系列比较宗教－文化研究在其思想中的地位，而制度论者则推崇三卷本的鸿篇巨制《经济与社会》以及《经济通史》等著作的重要性。尽管在认识和评价上存有差别，但不同学科都从韦伯思想中得到许多启发则是不争的事实。

1. 弥合行动与结构冲突的尝试

韦伯"理解的社会学"的一个重要启迪在于将社会行动背后的利益驱动与结构制约结合起来，这是认识由各种社会行动构成的社会现象背后所遮蔽的主观意义之"理解"进路的关键，表明了韦伯在社会学史上是首先将"利益－动机－制度分析"与"社会类型－文化－结构分析"做出整合的尝试者。韦伯认为上述两个方面对于理解任何一种社会现象都是不可或缺的，其中经济学和社会学两门知识具有重要作用。正是在经济理论中利益驱动的类型才得到精确的阐释；而制度分析，也并非只是关注规则的构成，还应包括对各种社会关系的考察，因为社会关系可以观念化为不同形式的利益。在韦伯那里，利益被区分为物质利益和精神利益两种，并认为两种利益都能成为诱发社会行动的动机；而精神利益又被解释为身份、声望、爱国心一类的民族感情，以及渴望获得拯救和对来世有更好的企盼，即所谓"宗教财 (religious benefits)"等等。在经济学取向的"理性人"假设中，物质利益毫无疑问是诱发个人行动动机中的决定因素或唯一因素。然而，当两种利益相互抵触而精神利益又比较强大，成为能抑制物质利益的因素时，那些追求精神利益的人不是不顾、而是如何兼顾物质利益而做出其社会行动的呢？韦伯在其系列比较宗教－文化研究中，从历史角度对此作了深入的探讨。而且不止于此，韦伯与现代经济学家的不同之处还在于，他论证了能诱发个人行动机的不仅仅是物质利益，还包括传统和情感等属于观念形态的精神旨趣。换言之，一般意义上的观念－物质之间那种非此即彼、排他性关系，在韦伯的方法论看来纯属社会科学的"理想类型"，只有在理论思维的抽象中，它们才会以纯粹的形式存在；在现实生活中，它们从来就是一种"你中有我，我中有你"的彼此包容的、即所谓的"嵌入(embeddedness)"关系。这样一种看待利益的观点，无疑在原来的经济学意义上增添了社会学意涵，其立论的基础已然超越了"经济人"的预设，还包含了"社会人(Homo Sociologicus)"的内容。这有助于我们正确理解社会行动是由利益驱动和结构制约两方面因素互动的结果，而利益不只是物质利益，还包括受制度影响的文化、精神方面的内容；同样，文化因素只有在物质或制度因素的配合下才会对人的行动发挥作用。这对于矫正传统学术（譬如宋明理学中的陆王心学派）过于倚重文化－精神方面的作用以及近几十年来只强调物质因素的偏颇，是大有裨益的。

2. 多维因果性分析

韦伯在论证宗教信仰对经济活动的影响时认为，即便按照效益最大化的法则以纯粹的目的－手段（亦即工具）合理性做出行动也具有其文化的方面，市场取向的活动不只是按照经济利益而且也是按照经济文化、企业文化进行的。今天美国社会对工作的执着明显地"还带有禁欲主义清教的痕迹"；进而言之，包括日本人在内的亚洲人以"工作狂"著称，欧洲人以享乐闻名，其中都有文化因素的作用，各种眼花缭乱的权力运作的"背后"都有各种政治文化在起作用。韦伯结合历史上的许多例证阐明，相当不同的行动模式甚至出现在具有非常类似结构的制度中，同样，形态迥异的结构制度中也会出现相同的行动模式。文化价值据以构成行动的脉络的各种方式，虽然艰深晦涩难以直观，但它经常在经历重大结构变迁（如工业化、城市化）之后仍能存活延续，其有效性使它成为一种能连接过去与现在的力量。这表明韦伯的"社会观"与源于进化论和透过与生物有机体做机械类比把社会视为"统一体"的整体论不同，他认为社会是由宗教、法律、支配（统治）和经济诸领域这些相互作用着的"部分"组成的，每个部分都有其自主的因果性推动力沿着它们各自的路径发展着，彼此之间并非并列平行。因此，那种排他性地只以经济或政治利益、社会结构、阶级阶层、权力、组织或制度为取向的社会学研究，在理论上是不充分的，也是不足为训的。这也表明韦伯的这一思想——文化价值的力量能够形塑社会行动的脉络——不仅与古典经济学的"经济人"预设、现代的理性选择理论正相对立的，而且也与帕森斯的结构-功能主义不合拍，因为这些理论或者是以经济、政治利益的当下呈现，或者作为"系统需求"、"功能先决条件"以试错法的方式进行社会学分析；前者把某个变量拔高到因果优先的地位，后者则包含一种不言自明的二分法在传统/现代、普遍主义/特殊主义、共同体/社会之间设置了鸿沟。（S.卡尔伯格，2012）

3. 超越唯物与唯心的对立

虽然韦伯并不像他那时代的倾心于浪漫主义运动或持"文化悲观主义"观点的许多人那样对现代世界表现出冷淡和缺乏热情，但他对现代社会日常生活中的一切都基于功利考量的物质、实用取向和严密官僚制化的组织化的生活模式抱持拒斥态度则是不争的事实。换言之，在帕森斯的"实用-理性主义"的解读中，韦伯犹如一个现代化的先知，完全消弭了他内心对现代性的疑虑和矛盾。真实的韦伯曾把自己比喻为"在逆物质发展潮流中游泳"，虽然无力改变这一客观趋势的走向，但却是用忧郁的眼神注视着现代社会的发展，担心在"资本主义大获全胜"之后清教徒式的"献身事业的精神"将会消失殆尽，取而代之的将是感官享乐者的纵欲无度和"组织人"的功利计算。这种未来发展的可能前景对于力主践行责任伦理的韦伯来说无疑是令人沮丧和无法忍受的，为此他在讴歌理性化的同时又号召人们去反抗官僚制化，他的作品以深刻的形式揭示了这种现代性的吊诡（paradoxes of modernity），表达了一个德国人文学者身处传统与现代两个时代之交内心的挣扎和思想的矛盾。

这样说来，可能会认为韦伯是一个不折不扣的观念论者或唯心论者，亦即文化决定论者，其实不然。韦伯多次阐明，文化因素只有在物质或制度因素的配合下才会对人的社会行动发挥作用。导致现代资本主义在欧洲产生的，除了以"新教伦理"所蕴涵的"资本主义精神"这些观念、文化因素之外，还须有其他一些物质和制度性因素的配合。在《一般经济史》中，他把这些因素归纳为：1）市场的自由交易；2）发达的货币经济；3）劳动力的商品化；4）理性技术的运用；5）经营组织与家产的相互分离；6）正确描述借方和贷方关系的复式簿记（记账）制度的应用；7）形式法律制度的保障；8）经济生活的商业化等方面。这说明现代资本主义制度是集生产、消费和分配于一体的体系，是一种融合了特定精神和物质条件所形成的生活方式，其基本特征就是理性化 (rationalization)。

三、中西文化的本质刻画

《儒教与道教》第一部分从制度论角度考察中国社会的国家行政、城市、经济、法律等项制度概况，第二部分从文化论角度论述儒教和道教信仰对中国文化、民族心理、社会精神气质的影响，最后是关于儒教与新教信仰中的清教的比较分析作为全书的结语。韦伯在不同场合都肯定了中国文化有许多有利资本主义发展的因素。他认为，中国的货币制度、商品经济的发展以及社会财富的积累程度和文化发展程度都比中世纪的欧洲有很大的优势，譬如中国很早就形成了统一国家，没有欧洲那种长期分裂和战争局面，也没有欧洲普遍的奴隶制度，人们可以自由地迁徙，摆脱欧洲中世纪的那种人身依附成为自由民，这就为雇佣劳动提供了条件。这些都是中国发展资本主义、进入现代社会的有利条件。但为什么资本主义没有发生？其中有许多制度上和文化上的原因，其中儒教徒对传统的执著使传统主义的影响过于强大，窒息了进步的创新动力，阻碍了中国社会经济的发展。譬如，他考察了中国古代的社会生活组织后认为，以城郭为地域界限的城市虽有很大发展，但缺少西欧中世纪以来城邦在政治和军事上的自主性和公民意识，因而欧洲城市近代新兴的市民阶层难以在中国出现。由于没有形式的和可靠的法律保护工商业的自由发展，经商和务工居民只好组成同业行会实行自我保护，行会内部只能靠传统宗法观念来维系，遂使一切事务关系变成基于血缘地缘的个人性关系，缺乏"切事性"(causality)，也就难于实行理性计算，这一切导致无法出现自由合作的社会性的劳动组织形式——现代资本主义。

从中国文化脉络上看，认为儒教文化本质是"理性地适应世界"，这一判断有用化约论 (reductionism) 看待人类精神文化行为之弊病，会造成对中国文化的误读和曲解。韦伯把复杂的人类社会行动化约成生物学有机体对周边环境的"适应"行为，并从行为主义的刺激-反应模式解释社会文化的规范作用，与从中国文化角度看社会行动是一种复杂的精神活动全然相悖，因为刺激反应的解释全然丧失了作为社会行动者的意志论内涵和道德性认知，人被剥夺了个人主体性、自由意志和创造性，变成只听凭法则、规律支配的受动的客体，只知随着情境化 (contextualized) 的变化随遇而安和消极适应。用这种化约论的认知模式去看待东方的宗教文化现象，根本无法理解中国文化具有的习俗性和道德性统一的特性，加之中国的象形文字与西方的拼音文字在表意方法上的深刻差别，使西方人很难理解譬如中国传统文化何以把"言不尽意"这样一种明显带有缺憾的语言表达视为一种至高境界，并从其中的朦胧、模糊、含混里体悟到一种独特的审美情趣和意蕴。或如今人所言，中国文化惟其表意的朦胧含混，才能达致"脱形迹，得大观；知韵味，忘言诠；虚澄怀，充内涵"的效果，此中正凸显出中国文化所独具的"书一字已见其能，文数言乃成其意"表意功能，（赵仁珪，2012，147、149）在简约、隽永、秀美以及不确定性中把握确定性的真谛。与中国文化崇尚表意的审美风尚不同，西方的语言哲学却从分析的理路把东方文化中常用的"隐喻"(metaphor)手法视为一种简单甚或粗陋的语言现象，除了字面上的意思之外了无新意，大可不必深入探究。譬如当代美国语言哲学家戴维森(Donald Davidson)在"隐喻的含义"一文中说，"我赞同这样一种看法，即无法对隐喻做出释义；但我认为，这不是因为隐喻说出了某种就字面上的表达而言过于新奇的内容，而是因为隐喻中根本就没有要去进行释义的东西"。"一个隐喻并没有说出超乎其字面意义之外的任何内容"（戴维森，2007，293）。用这种观点去看待中国文化，误读或曲解就会是十分自然的事了。再如韦伯认为，亚洲宗教以一种主智主义的态度力求把握人生在世的"意义"，但鉴于言语表达的不完美，遂使中国文化关于世界与生命"意义"的知识带有灵知的性格，故，中国宗教也如印度宗教一样是一种救世论，同时也是达到正确行为的唯一途径，因为德行是可以透过正确的知识传授和教育而习得的（韦伯，2006，492）。这样韦伯就把中国文化具有的主智性和道德性与拒斥世俗性和神秘性联系起来，并最终把这一切都归咎于文字和语言表达的不完善。这里凸显出韦伯对中国文化及其表意方法和审美情趣的隔膜，以及由此造成的误读和曲解，完全不理解把"隐喻"、"言不尽意"当作审美表达的一种崇高境界来追求，是中国文化的一种"心灵习性"。

中国文化历来主张诗言志，歌咏言，文以载道，强调文如其人，字如其人，视行动与创作为一体，创作即行动。诚如古人所言：文化创作犹如社会行动，"常行于所当行，常止于所不可不止"。这是宋代学者苏轼在鉴赏友人的书画题记时对其信笔挥洒，却有形散神凝效果的赞赏，同时也是对国人的行动亦称"行止"的描述。这是在对周边环境做出"情境界定"(definition of the situation, W.I.托马斯语)后的"因应"，故要审时度势，拿捏分寸，把握"度"，做到"进退"有据，所谓"无过无不及"，旨在保持与情境的合谐。所谓"不可不止"亦即"不得不止";究其原委,情境使然。有人对此可能会说,这不就堕入为一切不堪行为张目的相对主义或情境主义 (situationalism) 了吗?非也。"所当行"和"所不可不止"对"应该做什么"和"不能做什么"了然于胸,这是行为不能逾越的底线,显露的恰恰是中国文化所蕴含的道德主体性思想;"常行于"和"常止于"表达的是人们"心灵的习性"(habits of the heart, P. 贝拉语);整句话合起来就把中国文化的习俗性和道德性传神而天衣无缝地连接起来,二者缺一不可,既关注"道问学"又强调"尊德性",是"闻见之知"和"德性之知"二者的统一,这才是中国文化的真性格。这才是中国文化对"适应世界"之意的解读,然而,却全然没有韦伯所指涉的生物有机体的化约论意涵。

四、视欧洲的地方性为普世性

《儒教和道教》一书把中国文化视为西方文化的"他者"(the Other)。在西方传统思想中,他者是指二元对立中属于次要的一方。根据具体语境,他者可以是(相对于西方的)东方、(相对于本质的)现象、(相对于理性的)情绪或本能、(相对于灵魂的)身体、(相对于人的)自然、(相对于神的)人、(相对于男人的)女人等等。在西方主流社会意识中东方是受压抑、受歧视、缺席、沉默而处于边缘化的位置,儒教和道教的"适应世界"(adjustment to the world) 特征本身并不具备真正的或独立的存在资格,而是为了凸显和对比其对立面——基督新教的"支配世界"(mastery of the world) 特征才有其存在的意义。从文化上说,他者意味着与主流社会相对立的少数族群或弱势群体的文化。赛义德的"东方主义"概念从不同角度揭示了在西方东方文化是如何变成西方文化的他者的,以及西方文化是如何维持其对东方文化霸权的。韦伯的宗教研究中所使用的类型学比较方法,是以西方基督教发展史的具体形态与特质为参照物,这样便将宗教世界一分为二,即西方与东方,而且,他的社会学研究远不止于此,这一现象不仅存在于观念的、宗教的领域,还普遍存在于社会生活诸方面。譬如,韦伯在儒教与清教的比较时,承认两者的伦理都有其非理性的根源,神秘主义宗教或禁欲主义宗教的萌芽状态都是从巫术性的前提中生成的,因为巫术可以引出卡里斯马式的禀赋。儒教(楷模先知)源于"巫术",清教源于"预定论"(超世俗的上帝的绝对不可臆测的预先决定),然而从两者非理性中推衍出来的结果却大相径庭:从儒教得出的是"传统当作已被证明的巫术手段";而从清教得出的是"对既有的世界从伦理和理论上加以驯服和支配的任务，亦即'进步'的合理客观性"(i.e., rational, objective "progress" /die rationale Sachlichkeit des "Fortschritts")（韦伯 2004, 325）。不仅如此，儒家提倡的道德的自我完成被评价为"偶像崇拜式的亵渎"，儒家重视教育和经典学习"是罪过也是被造物的傲慢表现"，祭祀先人"是用巫术对付鬼神，不仅是卑劣的迷信，而且是不逊的亵渎"（同上，322）。于是在那一时代的欧洲思想家的想象中，中国的一切便成为不符合"常规""常理"的"悖谬"现象，进而中国就成了罗素所说的"一切原理、规则和制度中的例外"，黑格尔也曾感叹过的"中国是一切例外中的例外"。

其实，这种说法完全是西方主流文化的建构，或者说是西方的一种霸权设计。认为中国文化中的一切都属"反常"，是囿于"西方中心论"的偏见，且不说它不符合中国文化历来所主张的"乾道变化，各正性命"（万物各有其性。语出《周易》）、大千世界无限丰富的思想，而且也有违基督教先知有关"阳光之下无新事"（《旧约圣经》传道书）的教诲。他的类型化的比较研究，近似静止地共时态地看待文化和历史现象，把公元纪年前几百年轴心文明时代就已形成的儒家文化的某些观念与启蒙运动以降才出现的基督新教的伦理相比附，使人不禁有时空倒错之感。有时出于对比的需要，强使东方现象适应西方概念，从中国文化的角度来看，不免使人感到牵强附会、削足适履。例如他在征引历史文献上表现出极大的主观随意性和思维跳跃性，从东汉（公元1世纪）一跃到清初（17世纪），正所谓"不知魏晋，遑论唐宋元明"，其间正好跨越了几乎在所有方面中国都比欧洲先进的中世纪。

就以韦伯把儒学视为"儒教"一事来说，把儒学说成西文的 religion（宗教）在中国学术史上历来存有争议。韦伯因儒家"明德、亲民、至善"而将其视为一种"精神救赎论"，将包括儒教在内的一切东方宗教贵虚、讲究精神世界的内在超越与贵实的、以禁欲主义的"天职观"追求外在超越的西方宗教对立起来。这样，就从救赎论出发把儒学视为西方文化意义上的"救世论"宗教，从中国文化的角度来看，这是强把东方现象纳入西方概念，然后再以西方宗教为基准来看中国的宗教观念或民俗信仰，这样中国的宗教和民俗信仰就具有了祖先崇拜、多神信仰、功利心态等方面的问题和弊端。这与西方人把宗教信仰视为人的"终极关切"(ultimate concern) 的救赎心态（依靠信仰通过赎罪企盼灵魂得到拯救）完全不是一回事，不可同日而语。在中文中，用"宗教"传译西文 religion 一词本来就是借用。据《说文解字》：宗，从宀从示（礻）；示谓神也，宀谓屋也。宗尊双声（同音）；宗，尊也，祖庙也。凡尊者谓之宗，尊之则曰宗之。尊莫（过于）尊於祖庙，故谓之宗庙。教，上所施下所效也，故从攴从孝。引申为所教所学之内容，即教规教义(doctrines)。合起来，宗教就是教导人们尊崇传统的学说或思想。作为一种思想体系，儒（家）学（说）引导人们关注个人的内心道德世界，注重人格的修习圆满，走的是一种内在超越的理路，而较少关注崇拜、信仰内容的纯正，客观上导致中国人在行动举止上的宽容、豁达、包容异己、兼收并蓄的待人接物方式。正如一些古语、谚语中所说："水至清则无鱼，人至察则无徒"、"金无足赤，人无完人"、"过洁世同嫌"，这些都体现了中国传统文化的"毋意，毋必，毋固，毋我"（所谓"子四绝"）中和变通的哲理，反对社会生活中一切极端、绝对的主张。因此，把儒学说成宗教是从功能比附意义上指它对社会生活的影响至广至深无所不在，而不是说孔夫子是一种超越性的、绝对性的、人格性的神，因为中国文化看重生活实践，认为生活中的一切都是相对的，现实中没有绝对，绝对只存在于形而上、理念和意识形态中。再如西方宗教对一个人信仰了某种宗教对其生命来说不啻"新生"(Vita Nova/new birth, regeneration)的说法，从中国人的思想方式上看完全是一种譬喻(metaphor)、象征(symbol)，一种迷思(myth)，或者是西方基督宗教神学对人的信仰与其生命关系的一种建构。中国传统文化主张不依赖灵魂不朽而积极肯定现世人生，儒家提倡立德、立功、立言的"三不朽"思想遂成为中国人世代传承的"永生"信仰，但又不把这种不朽、永生观念作为判准强加于人。

再来检视一下中国宗教的祖先崇拜问题。中国传统的儒道和其他民俗信仰，是借助前人传承下来的习俗、认知、文化而流传的本土宗教，它们大多具有祖先崇拜亦即强调生命的绵延、族群的接续的特点。祭祀先人作为一种礼仪，希冀将生者与逝者连接起来，目的并非在于个人得到拯救，也非寻求个人的灵魂不死，而是将个人生命同祖先以及同后人联系起来，寻求的是维系族群绵延不绝的血缘纽带，亦即儒家所强调的"慎终追远，民德归厚"。尽管祖先不是神，但他凝聚着我们与家族、与这世界联系的与生俱来的血缘情感，这种天然的情感先于我们与神的情感，因而具有本体论的在先性，故是第一位的。从这个意义上说，习俗宗教是家庭的、氏族的或者民族的、本土的；从认同人类这一基点出发，它是连接生者与死者、入世与出世、此岸世界与彼岸世界的纽带，是一切人都生存于群体之中的普遍共同体观念（communitarianism）的体现，故可以说它是普遍的。中国传统文化从不把个人理解为一个孤立的个体，而是看作一个各种关系网络的中心，由于突出自强不息的个人修身是群体成员的共同行为规范，从而有利于形成不断扩展的关系网络的社群意识（家，族，国）并在其中自我定位。在这里，人的生命是以生动而具体的、活生生的人的存在状况，即以"生命"为出发点，生命的"终极意义"是经由日常生活实践来实现的，这种"以俗为圣"（the secular as sacred）的乐观主义观念，使中国文化确信人可以"不假外求"，能从内部转化这个世界，而毋需诉诸任何极端超越性、绝对性的形式。这适足显现出中国文化一种深刻的信心：大千世界是丰富多彩的，大道的显现是无限多样的。正是凭借这种文化自信，中华民族从14—18世纪一直在行政、经济、文化领域保持对欧洲的领先地位。19世纪以来虽遭欧洲列强入侵，但从未沦为西方的殖民地。尽管近代以降国运衰微、外敌入侵、革命和变革风起云涌，但中国人对民族文化的自信心却从未泯灭。

反观西方的一神论，它是威权宗教，一切权威来自经书上载明的神的启示，每种宗教都自诩是与神盟约的信众所信仰的宗教，诸如"被（拣）选者"、"受洗者"等称谓不一而足，目的在于与非信徒、异教徒、无神论者做一泾渭分明的切割，并从中引申出某种以邻为壑的"思想边界"或排他性的"领属权"、"类的优越感"的意涵。此外，一神论都有一种把本属单一民族的部族神传播到世界各地成为普世神的僭妄，试图通过布道务使"外邦人"改变信仰获得"重生""皈依"一神教，其中就蕴含着偏执、不平等、不宽容的诱因。不同性质的文化培育了不同的社会精神气质，也形塑了不同的民族性格。据此不难理解，中华民族在其几千年的历史上虽然也曾有过各式各样的战争，但却从不曾有过因为宗教信仰而发生的战争，这与欧洲历史上宗教战火连绵不绝的局面形成鲜明对比。中国人在社会生活中主张无讼、非攻的和平主义的性格，也可在其"天人合一"信仰以及"己所不欲，勿施于人"的道德律令里寻到根源。

五，误读"天人合一"（the unity of Heaven and man / anthropocosmic）

在中国传统文化中，"天"是个具有丰富内涵的文化哲学概念，它有超自然的神学义、自然义和道德义。历代文化虽有发展变化，但贯穿"正统"和"异端"始终的核心观念，就是以"天垂象，见吉凶，圣人则之"（《尚书》）为表达的天人感应的认知模式。"天垂象"是说天象中蕴藏着神秘的奥义，天象是天对人类的启示；"见吉凶"是说可以透过"仰观俯察"体悟、直觉出天意、天命；"圣人则之"是说有道德的君子把体悟到的天意作为处理人生、治理社会、指导政治的原则、规范，即所谓"王者则天"。按照这一观点，人类和上天具有同一的性质，人道与天道是交感相通的，而天道、天理蕴含在天所垂示的"象"中，故，人可参天地，赞化育与天地合称"天地人"并视为世界上最可宝贵的财富。这种出自几千年前的《周易》的观念为后来的儒学概括为"天人合一"概念，也为中国传统文化奠定了朴素的一元论世界观的认识论基础，表现在上下五千年的中国全部物质文明和精神文明的各种具体形态中。今天中国社会的一切都是在这一文化传统熏陶下孕育出来的，因此谈论当代中国的政治、经济和社会是无法脱离中国文化的，而今天的中国文化又是从传统文化中脱胎而来的。

韦伯的比较宗教研究的"欧洲中心论"立场，从强势的西方主流文化上看中国传统文化，看到的只是"天人合一"中的混沌、朦胧、模糊的整体论甚至神秘主义特征，这一特征确与西方文化基于古希腊理性哲学主张主客体二分、强调经验分析、进而走上一条工具理性、科学主义的理路大相径庭，也与西方文化源于中古时期希伯来人对超越性的一神论信仰而主张用一种人类中心的目的论模式征服世界和支配世界南辕北辙。西方文化所讲的"超越性"(transcendence)指的是外在性(out-worldliness)，或者，是与此一世界(this-worldliness)相对的彼一世界(other-worldliness)，即意欲向外的、超于己身之外的卓越、超绝；哲学引申义指超越经验即超验的独立存在、先在，如柏拉图的"绝对理念"、萨特人本主义所说的"自我"（所谓"自我的超越性"）；神学义是指基督教将摩西启示时代（犹太教）的"终极实在"与古希腊哲学的"绝对理念"结合在一起而成为"绝对存在"，即上帝。从超越性的观点看，这个终极性的实在不是自然的有机社会秩序，而是转向一个超验的参照点，即超验的绝对实在：自然的一切只具有相对价值，上帝才是绝对。譬如在犹太-基督教传统中，知性的理性化赋予了上帝"造物主"的地位，并且认为它是绝对不变、全能、全知、也就是绝对地超越现实的。

而中国文化则主张一种内在超越性。用新儒家牟宗三的话说，儒学的正心诚意、格物致知的内圣功夫，是用心立言，一切自"仁"出发，自始至终把"生命"作为根本，在现实生活中以"人"为本，"内而调护自己之生命，外而安顿万民之生命"，故，它与人之间关系乃是人之自然的有机关系（仁），这一关系的联结要比一切从"智"（知性，认知）出发的西方文化更为契合而亲切。故尔，中国文化"以其生活之智慧渗透上天好生之德，亲切地证实了那个超越的绝对实体乃是一'普遍的道德实体'"[牟宗三 1978, 66]。职是之故，在中国文化里，没有什么事物能超出这一普遍的道德实体——仁——而能被证明具有正当性。这就是中国文化就道德而言的内在超越性。从这个意义上讲，新儒学讲"内在性"(immanence)意指"人的本性"，即人之所以为人者的内在精神，如"仁"，"神明"等；所谓"超越性"(transcendence)指宇宙存在的根据或宇宙本体，即"天道"、"天理"、"太极"等。于是，当代新儒学观点就把"内在性"、"超越性"分别与孔子所说的"性命"、"天道"对应起来[汤一介，1991, 2-3]。不仅如此，儒家哲学还主张的"超越性"和"内在性"是统一的，这种统一性亦称"内在超越性"，就成为中国文化"天人合一"的思想基础，它不仅是中国文化所追求的理想境界，也是中西文化之间本质差别的精神根源。从中可见，西方宗教主张的"超越性"是一种本体论的信仰(ontological commitment)，它为西方文化中"神人隔绝"确立了根据；新儒家主张"超越性"和"内在性"的统一是在与"超越性"相对意义上使用"内在超越"的，从而成为中国文化"天人合一"的理据。西方的"超越性"是以"弑父（俄狄浦斯）情结"为表征的"分"、"二"的理路，意在隔断传统，除旧布新；中国的"内在性"是以"亲亲孝道"为体现的"合"、"一"的理路，意在慎终追远，薪火承续。其间的差别，洞若观火，由此导致中西文化不同的发展路向。

尽管中西方文化都看重人的价值，但是具体表现尚有差别。在基督教传承中，人是宇宙最高价值的存在，作为"神之子"，人比世间万物（包括自然生态、其他一切生物、生命体）更加本质地展现上帝的无限性和绝对性，因此人在独一无二性即个人主义意义上是宇宙间具有最高价值的被造物。而中国传统文化是从人及其周边关系来看待人之生命价值的，模糊思维恰恰是在主体与客体之间浑然不分，在人与自然之间浑然一体，以物我两忘的方式把包含自己在内的世界看成是一个处于永恒运动着的、变易着的统一整体，并以"万物交感"、"天人感应"、"五行相克相生"观念思考着和解释着世界。其中包含着丰富的辩证法思想，可以弥补西方文化把大千世界分割成碎片，视为静止的、呆板的、孤立的局部的缺失。在社会界，中国传统文化固然缺少西方文化倡导的个人主体权利，但它却将个体本身的价值用群己之间的相互关联加以彰显，同时"人心与自然、天道合一合德"使人成为宇宙秩序的一部分，这既是人作为一种处于相互关系中的生命体的"类本质"(species being), 存在的理据, 也使立身现世, 参与世俗, 重视社群伦理和文化中介成为人的一种本分和责任, 这种以"世俗为神圣"(the secular as sacred)的人文主义精神与西方以"知识就是力量"（培根语）为代表的理性主义的人文主义存在着明显的张力, 同时也成为超越西方文化主张的自然中心说（譬如, 有人主张艾滋病毒也有生存的权利, 这近乎一种生态法西斯主义）/ 人类中心说（人之尺度即世界的目的）的二元对立、分立对决、零和博弈的偏颇, 以及批判西方文明无节制地、竭泽而渔式地攫取自然资源所表现出的纯粹工具理性式贪婪本性的理据。对此杜维明教授认为, 中国传统文化既不是宇宙论意义（自然中心）的 (cosmological), 也不是人类学意义（人类中心）的 (anthropological), 但确实是"天人合一"的 (anthropocosmic)（杜维明 2001）。

六、由隔膜导致的曲解

西方文化可以"浮士德精神"为概括, 代表着西方文明中深厚的个人主义和探究知识永不满足的追求精神、支配欲望, 这种崇尚工具理性以征服外在世界为目的的勃勃野心与中国文化譬如道家所主张的不贪欲（"无欲"）、不妄为（"无为"）的藏锋守拙态度, 完全是两种南辕北辙的对立选择。从韦伯关于现代社会价值领域的"诸神斗争"来看, 现实生活中, 任何选择都有其代价; 强势群体为了自己所珍视的价值所做的一切, 势必会漠视或排斥相对弱势群体而言也同样珍视的价值。反之亦然。因此, 中国文化的某些"神秘的"关节点往往就成为西方人的认识盲区或称意识阈限 (the threshold of consciousness)。更不必说韦伯对世界主要文明的走向上过度褒奖西方"分取进路"的合理性, 却极力贬抑东方"合取进路"的非理性, 刻意追求在精神领域中的"因果性"、首尾一贯性以及神往"预测"的"客观可能性"的思想倾向, 从根本上就有与孔德的实证主义相通的一面。这些因素合在一起, 就成为他误读和曲解中国宗教－文化的诱因。无怪乎曾追随他多年的雅思贝尔斯也这样评价道："韦伯对于精神科学中的实证主义认识不够透彻, 虽然他想由认知'什么是事实'的正确意向引出'其意义为何'的结果, 但是实证主义对历史与人文学科中的'事实'仍缺乏逻辑的穿透力"（雅思贝尔斯, 1992, 112）。

能佐证韦伯对中国文化和历史存在隔膜和误解的, 是他对儒释道"三教合流"这一重大文化现象的熟视无睹, 甚至轻篾的不屑一顾的态度。儒释道三教合流指中国历史上自宋代以来就已形成的三种宗教会通融合、和而不同的和谐关系，这在世界文明史上也是罕见的现象。三教合流的出现，一方面说明中国文化中的儒学主流价值体系的包容、宽厚性格，另一方面由于三教各以其不同的文化功能实现互相补充——所谓"以儒治世，以佛治心，以道治身"——倡导"三教一体"，"三教平等"，共同营造和谐的共生共存局面，这对于当今世界解决"文明冲突"具有借鉴意义。韦伯在其全部论述中国和印度宗教－文化的著作中，仅在谈到佛教的传播时用一句话轻描淡写地一带而过："部分而言，中国的佛教试图以接纳其他两个学派之伟大圣者的方式来创造一个统一的宗教（三教一体）。16世纪的碑铭当中已可看到佛陀、孔子和老子并肩而立的图像，类似的情形应该可以确定是早几个世纪以前就有的"。（韦伯，2005，376）这里韦伯完全像"古罗马的官僚贵族看待东方'迷信'一样"来看待这个中国宗教－文化史具有重要意义的事件，他用一神论救赎宗教来看待世界其他地方宗教，认为中国宗教是巫术、传统主义，儒教是"正统"道教是"异端"，这完全是套用西方逻辑解释中国事物。西方宗教史上关于正统和异端的争论可说伴随基督教产生、发展的始终，它与犹太教、伊斯兰教的关系迄今仍诉讼纷纭莫衷一是，这从基督教的称谓上就可见分明，罗马大公教会、东方正教会、新教（抗议宗或反抗宗Protestantism）。虽然韦伯使用的正统和异端并无价值上的褒贬色彩，只表明它们之间在社会结构中所扮演角色的主次地位及其对立关系，但其中确也表现出他是以西方基督教不同宗派的冲突比附儒道关系，却不承想中国竟然出现了一个儒释道"三教合流"的局面，对于西方一神论救赎宗教来说这完全是一个意识盲区，令人匪夷所思。

"三教合流"深刻地表明了在中西社会结构之间以及宗教与政治的关系之间存在着巨大差别，导致不同旨趣的宗教与其社会的关系"同归而殊途，一致而百虑"。对西方社会中宗教与政治之间，人们大多相信西谚所说"上帝的归上帝，凯撒的归凯撒"，似乎存在这一种互不隶属、相互并列的关系。其实这是一种误读，这句话的真正含义，"毋宁是一种（宗教）对所有世俗事物绝对的疏离的态度"（韦伯，2005,275）。用韦伯的话说，西方宗教一直对世俗抱着憎恨的态度，只是到了中世纪以后二者才出现了弥合的可能。神权势力大于王权，这是中世纪前在欧洲频繁爆发宗教战争的一个社会结构上的诱因。反观中国，自秦始皇建立起中央集权的大帝国后，历代王朝都把神权牢牢地置于王权的掌控之下，使之为论证君权神授的思想服务，从而使中国与孔德所说的人类理智发展"三阶段论"中与神学知识相匹配的神权政体形式迄今尚付阙如。尽管也有不同宗教势力之间的争斗，但由于王权的干预勿使一教势力做大，这也就使得宗教战争无由在中国发生。"三教合流"有力地诠释了中国文化历来的"和而不同"主张，对源于印度的佛教的吸纳并从中汲取精神营养，再加以本土改造使之成为中国文化的构成要素（譬如禅宗），这种开放的包容心态，是当前全球化背景下不同文化和文明共生的必由之路。

七、"天人合一" vs "位格形而上学"

韦伯为了凸显中国宗教的非理性和巫术性性格，刻意用基督教神学的"位格形而上学"概念对比中国宗教中的"三教合流"现象。所谓"位格"，也称"伦理的位格"或"伦理的人格"(ethische Persönlichkeit/ethical personality)，它是新教把基督教神学所独有"原罪"、"救赎"这些古老的基本理念，与"再生"(regeneration) 的经验认识方式相结合，变成依靠对上帝的信仰赢得更高的个体生命 (Personenleben)，由此解救和解放个体人格 (Personlichkeit) 的一种推断。意在弘扬《圣经》的基本启示，用以对抗启蒙运动以降现代科学的发展，并将其限制在科学自身范围以内，以阻挡其进入宗教信仰领域。在基督教神学里，把耶稣复活解释为"道成肉身"(The Word became Flesh)，其实质是把"对体现在基督身上的上帝的信仰与体现在世界上的逻各斯的信仰互相融为一体"（特洛尔奇1998，345）简言之，把表征绝对理念的逻各斯（道）、圣言 (the Word) 与神（上帝）、救世主（基督）视为一体，神与理性视为一致。在这个意义上，"位格"(Personlichkeit/personality)，表达基督教信仰中的三种神圣"身位"（以圣父、圣子、圣灵为表征的超越性、人格性、伦理性）原本是一体之意。按照基督教史学家特洛尔奇的说法，位格形而上学反对两种倾向：其一是纯心理学的意识分析所代表的绝对主义，它使一切绝对的、具有永恒价值的事物成为变动不居要素组合的相对持久的产物；其二是与此相对应的泛神论的相对主义，它认为一切事物，只要不放弃世界统一的观念，就都只是唯一变化着的实体的变化状态。（同上，344）换言之，基督教以其"三位一体"的位格观念既与犹太教、伊斯兰教的一神论绝对主义迥然有别，也与一切形式的多神信仰、泛神论的相对主义划清界限。

韦伯正是以欧洲文化的这种统一性的理念来看待中国文化中的"天人合一"、"三教合流"的，换言之，他把西方宗教中的属于部族的、地方性的神话作为普世性的理性（逻各斯）向世界推广开来，因为"在位格形而上学看来，对于逻辑上必然的 (Lojisch-Notwendiges) 和价值上应然的

(Werthaft-seinsollendes) 意识构成了事物的终极理由"（同上，344）。这种以"位格"为表现的"神圣"与"世俗"的对立，"决定了生活态度之统一的体系化的建构"。"西方那种积极行动的理想，就是植根于某种中心的'位格性'（不管是放眼彼岸的宗教的中心，还是现世内取向的宗教的中心）"。这种以伦理位格为关键特征的"伦理预言宗教"，表现出了"对纯粹知识主义的敌视（这点与亚洲宗教的立场形成对立）"。（韦伯2005, 94-95）这些内容构成了基督新教"位格形而上学"概念的内涵和外延，也是韦伯从文化论视角分析中西社会不同发展路向，但却绝口不谈或不正面论述"三教合流"的一个重要理据。因为在他眼里，"天人合一"以及"三教合流"之类的东方理念，缺乏理论的统一性和首尾一贯的系统性，只是使人保持灵魂多元论信仰的泛灵论观念，使人不去企及超越现世的一切，必然丧失抗衡俗世罪恶的反制力从而保持一种消极性的特质，因此无需过多论及。韦伯认为东方宗教仅凭其浓厚的泛神性质就可证明是巫术，表现出他用西方一神论救赎宗教看待世界其他地域的宗教，凸显了他那时代西方学者视欧洲地方性为普世性的立场。

以"天人合一"为表征的中国文化看待世界的观点与西方基督教的主客二元对立之间确实存在巨大的差别："天人合一"是一种存在论的"自然谐一"关系，人与环境是浑然天成的、无分主客的一体或者互为主体(inter-subjective)关系，它既不是人类中心也不是自然中心，而是人类－自然互为中心，或者如马丁.布伯(Martin Buber)所说，是一种超越了"我－它"的"我－你"相互性关系，即"我"与宇宙中其他在者的关系。这种关系涵括了精神性、自然性和人格性关系的各个层面。（参见马丁.布伯1986）。倘加以解释，中国文化主张的"天人合一"是"和而不同"与"理一分殊"的对立统一，前者的逻辑重心在"不同"、差别、变易，后者的重心则在"理一"、同一、一致方面，正所谓："一之理，施于四海"而皆准，故近于"道"；"理"极为简单所以是"一"，"理"是根据是逻辑，所以要"一以贯之"。"不同"与"理一"二者统一的基础是变易。这就是中国传统文化的一元论的认识论根基。

对于中国文化的一元论与西方犹太－基督教文化的二元论观点上的对立，韦伯一方面说价值观上的冲突无法最终消解，据此逻辑，两种观点之间的岐见就只能是"我族中心"式的(ethnocentric)各执一词。如欲寻求交往就需要哈贝马斯所说的"沟通理性"，就需解决与"主体间性"有关的问题。但另一方面在具体问题上，韦伯又给己方所认同的价值上的主观性披上逻辑上合理性和必然性的外衣,并进而由此生吞活剥地演绎中国事物,显示他对中国文化的意义或意涵缺乏他所主张的具体脉络中的"同情的理解"。其实,在比较宗教研究中韦伯所津津乐道的"欧洲文化统一性"及其背后支撑的"欧洲中心论"思想,已为十九世纪以来的人类学研究所证伪。至于他对道教全盘否定为"十足的巫术"、"完全非理性"的误读,不仅为当代科学技术史研究(如李约瑟等人)所驳难,说明他对中国文化的吸纳能力和包容性认知的不足,而且也表明他对道教的认识上没能借鉴他那时代欧洲汉学研究的成果,明显地落后于两个世纪之交当时欧洲学术界对道教的认知水准(参见:卜松山,2007)。

神秘主义是宗教研究中无法回避的问题,韦伯也承认无论儒教抑或清教和其他西方宗教派别在发展的不同阶段都有神秘主义的表现,基督教历史上许多团体和个人的神秘主义色彩,无论在理论上抑或在实践上都远比中国宗教更为系统和深刻,韦伯对此也曾有过论述。然而他却出于类型学比较的需要,莫名其妙地把神秘主义的标签贴在"以俗为圣"的儒学身上,这确实令人匪夷所思。韦伯的许多著作包括《新教伦理》在内受到学界的质疑并非自今日始,相信随着中国学术的进一步发展,对韦伯关于中国的论述中许多细节,包括正面或负面的史实和问题,可能会提出更多的讨论或质疑,这是中国学术在吸收世界文明成果过程中不断成长、日渐成熟的表现。

八、为普遍性价值寻求一个多元文明的、能为人类所共享的共同根基

在韦伯的论述中,传统是和理性相对立的范畴:传统是前现代社会的本质特征,理性则是现代社会的概括;不仅如此,传统与理性之间的差异也决定了中西社会的不同走向。韦伯的这一思想在西方哲学中有着很深的认识论根源并在社会理论上得到充分体现,人们知道,西方社会理论一个基本预设就是在人类社会变迁上持二分法,视现代社会与前现代社会之间横亘着一条无法跨越的鸿沟,尽管不同思想家各有其不同的表述(比较著名的,譬如斯宾塞的军事社会/工业社会、涂尔干的机械团结/有机团结、梅因的身份/契约、滕尼斯的共同体/社会、韦伯的传统/现代、贝克的神圣/世俗等等,马克思说未来的新社会与传统实行"最彻底决裂"也不例外)。其共同点在于二者之间是一种本质迥异的、不共戴天的关系,后者的确立必定建立在推翻、颠覆、否定前者的基础上。西方文化基于认知自然、客体、实然世界而倡导经验分析、分解的理路及其所由产生的进步史

观，与中国文化基于践行的伦理、价值、应然世界而提倡中和、综合、以周而复始的循环论诠释历史变迁的路向，表面上大相径庭，其内里却相反相成，适成互补之势，二者都是宏观叙事（史）不可或缺的一个维度。犹如圆是由弧所组成，弧又可微分成直线。

其实，即便在西方发达国家，传统与理性也不像韦伯所说得那样对立、那样不共戴天。就以民主这个被认为是现代性的关键要素来说，西方几个最发达国家的自由主义民主(liberal democracy)转型过程与其文化传统之间关系也是各具特色并不相同的。英国的民主是在君主制传统中诞生和成长的，至今也没有脱离开君主制；法国在很长时间里都是在君主制与共和制之间犹豫徘徊，直到第五共和国时才算最终选择了现存民主制；德国是在一战和二战的废墟上产生和再生的，而它真正成为统一的民主国家更是冷战结束后的事。杜维明先生在《东亚现代性中的儒家传统》一书中曾指出，英国的民主化过程深受英国的经验主义、怀疑主义、实用主义和渐进主义传统的影响；法国则受到其反教权主义、理性主义、文化主义和革命精神传统的影响；而德国则深受其浪漫主义、民族主义和种族自豪传统的影响。可见，同是启蒙运动和现代性所宣扬的普遍主义也不能纯粹是"普遍的"和完全排斥传统的；正是在传统的作用下，普遍主义被地方化、特殊化了。再说美国，这是一个偏安于北美新大陆、由移民组成仅有二百余年历史、既无土地贵族又无封建历史的国家，在其历史上差不多有一半的时间里却存在着奴隶制这一比封建制更"传统"更古老的制度，直到二十世纪六十年代种族隔离还在严重影响着美国的社会生活，而其社会结构至今还保留了黑白对立、族群分化的色彩。美国确实不像欧洲一些国家那样是个既无国家宗教也无国家教会的国家，但美国又确实是宗教性最强的国家之一，其主流社会是由被称为"白种盎格鲁-萨克逊裔新教徒"(WAPs)群体所构成，其政治决策过程始终受到宗教因素的掣肘。浓厚的清教传统和深刻的种族矛盾这两种通常被认为是最"传统"的现象在美国这个最发达、最现代化的国家中并存，进一步说明了传统与现代并非是格格不入的（参见：夏光2011）。

按照韦伯自己的说法，所有属于理性主义的宗教预言，都会产生出一种从伦理和方法两方面看待世界的相对主义，譬如，基督教废弃了多神论，而赞成"唯一的必然之神"。然而，面对外部和精神生活的诸多现实，基督教必定会被迫采用一种妥协和相对主义的作法，譬如在教义中，上帝通过把原罪产生的种种罪恶，转化成能对原罪起到惩罚和救治作用的手段从而克服罪恶,这手段不仅仅指法律秩序、经济秩序,而且包括能用来制定各种准则和法律的基础。另一方面,又把这种对世俗的妥协说成是与上帝在登山宝训中训诫是一致的,为此就需把影响深远的"差别说"引入基督教义,亦即严格遵守登山宝训并非是所有人的义务,只是对那些出于生活环境和个人禀赋有能力实现全部基督教理想的人提出的忠告。换言之,面对日常生活的具体要求,各种宗教都表现出一种圆滑世故的"功利主义",出于解决问题的现实考量,"多神论"必会舍弃那些于事无补的其它神明而专注功效的"一神";同理,"一神论"为使神的启示能在人世间起作用,也必然将其做相对化的处理,遂使"绝对"化成"相对",终使"一神"成为"多神"。然而从价值意义上说,"一神论"作为一种"形而上教义"与"信念伦理"(主观价值)具有选择的亲和性(elective affinity),从中衍生出的是一种独断式(独白性的 monologic)对待世界的原则;而价值的"多神论"是与"责任伦理"(成功价值)具有选择的亲和性,从中得出的是一种商谈式(对话性的 dialogic)对待世界的原则。由此可见,"一神论"和"多神论"与不同行动伦理取向上的亲和关系和它们在实际行动上所做出的妥协和相对化之间,是一种负相关。换言之,一神论只是在理论上单义地与信念伦理、主观价值、独白式地对待世界相联系,一经进入实践领域就会发生相对化的变化,就会转化成多神论,还会逐渐地与责任伦理、成功价值、对话式对待世界产生亲和关系。同理,多神论经过相对化后也会向一神论转化,也会与信念伦理、主观价值、独白式对待世界发生亲和关系。从中可见妥协或相对化是促使转化的中介。

另一方面,韦伯却无视历史或环境上的变化,就预设了在主观的信念价值与客观的成功价值存在着基本的张力,据此人们很容易想到技术进步意义上的目的 – 手段合理性与道德文化意义上的价值合理性之间只有紧张和冲突的一面 (W.Schluchter1996–302),看不到它们之间是一种"既相反又相成"的关系。虽然中国传统文化并没把主观价值和成功价值再分别与形式的和实质的两个因素配项拆分为四个类型,但"相反相成"这句中文成语已把四个(项限)类型的涵义都已言简意赅地包纳其中了。这或许可为看待中国文化的朦胧、混沌、模糊提供了一个新注角,即除了其他特征外,还应从中国象形文字的特点、传统上的修辞习惯、隐喻表达等方面去理解,譬如东西方文化都有关于道德金律的说法,西方基督教有上帝"爱你的邻人"的教导,而中国文化会用孔子所说"己所不欲,勿施于人"来表达。两者的意涵是相近的,但中文的表意手法是老子所说的"正言若反"式的(《道德经》),即从反面的可能去逆向推论正面的道理,然而在命题的内涵和外延上两种表达并不完全等值。要在细微含义上去体悟和领会二者之间的区别,其中固然与个人的学养和人生历练有关,更与道德修养、审美取向、个人禀赋有着直接的关系,或许这就是中国传统文化难以为西方人所充分理解的一种人文情意结。

中国文化主张在跨文化研究时,首先不把现代性与传统性、全球性与本土性对立起来,那种视现代性为西方所特有、所专美,视东方性、中国性为落后、为历史包袱的观点是过去时代残留的遗风,确切地说是西方殖民主义的一种污垢已被抛进了历史的垃圾堆。那种把地方性与全球性对立起来,试图用后者颠覆前者的、非此即彼的零和博弈二分法是旧欧洲的"本体论"世界观的一种独断,因为它取消了思维与存在同一的条件,把认识的预设当作事实看待。其次也应看到启蒙运动理性带来的社会现实也并非前途似锦。文艺复兴以降,一方面科学理性、民主自由、人权平等价值的高扬和普遍化;另一方面随着理性化和现代性的展开,理性片面工具化所导致的视手段为目的作法,使人丢失精神家园、价值迷失,人的尊严、人的精神性受到粗暴的践踏,成为启蒙运动理性的一种弊端。我们要对传统文化进行反思,指出某些流派中存在着抱残守缺、藏锋守拙;乏力进取,不事竞争;崇尚经验直观,缺乏理性思辨的陋习;目的不是要废弃传统,传统是无法抛弃的,而是为了促使它实现转化以应承日常生活提出的要求。应该承认,任何普遍化的价值本身都是内容丰富、地域色彩非常浓厚的文化的产物,而这种普遍化价值的常规化(routinization)就凝结为传统。同理,我们今天在多元文明的基础上对启蒙运动理性做出批评和反省,也并非要否定其中的普遍价值,而是要突显现代性中、全球性中也有传统性、特殊性参与的一面,目的在于拓宽其视野,丰富其精神资源,为现代性的普遍价值构筑一个更宽广的、多元文明的共同基础。西方现代性以及启蒙运动理性中恰恰缺乏能为人类所共享的这种共同基础。

九、"理论是灰色的,生活之树是常青的",

歌德在《浮士德》中的这句话在中国流传颇广且影响深远,或许与中国人重视社会生活实践的性格具有某种亲和性。上边几节内容多从理论上着眼,以下选取近年来从人类学田野观察得到的一些片段作为与韦伯理论话语对话的补充。

韦伯是从宗教进化角度开始其宗教社会学论述的。在他对宗教演化的进步过程的论述中，宗教的变迁正是循着前泛神论——泛神论——多神论——一神论的途径，类似于人类的知识从巫术向智、从非理性向理性的方向进化。人们有关宗教起源的知识都是从这种进化论角度习得的。在这种习而不察的概念所组成的知识框架影响下，自然而然会得出一神论信仰要比多神论和泛神论信仰高级、精致、甚至理性这样的价值判断，殊不知这种貌似客观－中立的宗教知识、概念里浸透着浓厚的西方中心论的价值观念。从福柯的知识／权力观点中可以看到，这种宗教社会学知识作为一种权力对人们精神领域具有重要的宰制作用，用这种概念框架去研究东方或中国宗教或民俗信仰，必然会得出中国人在宗教信仰领域中的无知、愚昧、迷信传统、非理性、实用主义、功利心态等，就像韦伯所论证的那样，进一步推论出西方文明优于东方文明的结论。其实，这个结论早已为 19 世纪以来的人类学研究所证伪（参见 E.E. 埃文思－普里查德 2006），这种以己之长比人之短的做法也成为西方的比较文化研究或跨文化研究最为人所诟病之处，同时也背离了比较文化研究应恪守"主体间性"(intersubjectivity) 的原则，适足表现出西方中心主义所固有的世界是由善、恶二元因素分立对决、机械论的线性进步史观思维定式的偏狭、不宽容、文化上以我为基准、排斥异己，其根源恰恰存在于西方的宗教原教旨主义之中。

反观中国的宗教观念或民俗信仰，倘以西方宗教为基准，那么中国的宗教信仰确有包括祖先崇拜的多神信仰、"临时抱佛脚，有事才拜神"的功利心态等方面的问题和弊端。但如果变换个角度思考（譬如，就像女性主义者批评男权主义那样），从中国文化所习惯的和合思维方式和行为方式上去认识，这可能反倒可能是中国文化的一个特色，一种长处，因为正是这种对宗教信仰的来世、彼岸世界所抱持的超脱、不甚关心、无可无不可、权当为维系人际关系和群体秩序或为垂范后人而例行的礼节、仪式而看待的敷衍应付心态（正如孔子所说，"祭如在，祭神如神在"，"不知生，焉知死"），这与西方人把宗教信仰视为人的"终极关切"(ultimate concern) 的救赎心态（依靠信仰通过赎罪企盼灵魂得到拯救）完全不是一回事，不可同日而语。惟其如此，才使中华民族几千年的历史上避免了欧洲发生过的基督教十字军东征和伊斯兰教圣战式的宗教屠戮。

按照哈贝马斯的说法，信奉西方宗教的欧洲人，其强烈的民族主义情绪最集中表现在欧洲历史上长期以来排犹主义盛行。发人深省的是，公元 70 年犹太人被罗马人打败，首都耶路撒冷被攻陷亡国后，人民惨遭屠戮，被迫背井离乡、颠沛流离辗转于世界各地近两千年，凭借着一神论的宗教信仰和民族语言文化的支撑迄今仍保留着犹太民族的独立身份和地位，受到世人的广泛尊重并传为美谈。但潘光旦先生的研究证明，犹太人流落在中国的一支却在开封融入了中华民族 [潘光旦 1983]。当然，开封的犹太人融入中华民族的史实，有着复杂的主观和客观因素的交互作用，造成这一既定事实的固然是犹太人扮演了主要角色，但谁人又能说与其所处周围的民族及其文化、社会制度、宗教信仰没有关系？为什么犹太人没有融入东欧的波兰、俄罗斯，也没有融入西欧的法、德？更没有融入亚洲毗邻的印度、中东等国（历史上这些地区都曾有过犹太人出没）？这一切难道都是偶然的吗？更具讽刺意味的是，在世界其他地方生活的犹太教徒和伊斯兰教徒，或相互视为路人彼此老死不相往来，或为争夺领土生存空间兵戎相见打得不可开交。而身在中国的两教信众却早已融为一家：着眼于历史沿革上的渊源关系，犹太教在中国自称为回回古教，而伊斯兰教则被称为回回新教；与此相适应，两教信徒的称谓之间也仅以所戴帽子的颜色来加以区分，譬如在开封，犹太教徒戴黑色帽子而自称兰回回或青回回，而伊斯兰教徒则因戴白帽而称白回回。[同上] 联想到第二次世界大战期间，纳粹德国血腥地迫害犹太人惨不忍睹，世界各主要国家均不接纳犹太人，即使连号称最自由民主的美国也不是无条件地收留犹太移民，只有中国不讲任何身份、条件一视同仁地接纳了所有来华避难的犹太人，使上海成为当时犹太人聚集最多的城市。同样的例证还有：苏俄革命后，大批白俄贵族、犹太人避难于中国东北，使哈尔滨成为当时俄国犹太人聚集的城市。同样的情况还可在福建东南沿海古代"海上丝绸之路"的启航点泉州一带找到中东阿拉伯人、犹太人后裔融入中华民族的痕迹，西北宁夏一带信仰伊斯兰教的信众与中华民族生活上和睦相处，文化上相互融合的事所在多有。所有这些都说明中国文化在信仰问题上的宽厚包容心态，与其适成鲜明对照的是西方的一神论和救赎宗教的狭隘排他性。联想到近年来酿成中东问题僵局的巴勒斯坦与得到美国支持的以色列——两个民族之间的冲突，几近演变成冤冤相报、轮回式仇杀的惨烈战争。欧洲一些国家近年来不断增多的恐怖袭击和种族暴力冲突几乎成为这些国家社会生活和经济发展的毒瘤。由此不难看出，一神论或救赎宗教——无论欧美国家的基督（新）教、以色列信仰的犹太教抑或阿拉伯民族、巴勒斯坦和西亚北非人崇信的伊斯兰教——在终极关切上的排他性、以及在行为取向上对"异教徒"向不宽容、不妥协，集中体现了宗教原教旨主义（或称基要派）的偏狭，及其背后作为精神支撑的启示神学之绝对主义的文化独断，必然减弱或背离他们口头上宣称的"宗教信仰自由"和多元文化主义的精神实质。在当今全球化时代，中华民族传统文化中的"天下"、"海内"观念（传统文献有多种说法，如《诗经》："普天之下，莫非王土；率土之滨，莫非王臣"；"四海之内皆兄弟也"），主张用"王道"以文化、道德对待周边世界和他人，而不是用"霸道"以武力、征服作为待人接物的标准。这种海纳百川、有容乃大的气度和精神必将进一步得到发扬光大，因为这种精神本身从和合观点上看，就是"全球性"的题中应有之义或根本精义，必然是构成全球文化的一个必要组成部分，同时也将成为普世价值的一个不可或缺的文化基础。

参考文献

韦伯，2004，《韦伯作品集（V）中国的宗教：儒教与道教》，康乐、简惠美译，桂林：广西师范大学出版社

——2005a,《韦伯作品集（X）印度的宗教：印度教与佛教》，康乐、简惠美译，桂林：广西师范大学出版

——2005b,《韦伯作品集（VIII）宗教社会学》，康乐、简惠美译，桂林：广西师范大学出版社。

斯梯芬·卡尔伯格，2010,"英译者导论"，载《新教伦理与资本主义精神》（洛克斯伯里第三版）苏国勋等译，北京：社会科学文献出版社。

埃文斯–普里查德，2006,《阿赞德人的巫术、神武和魔法》，覃俐俐译，北京：商务印书馆。

特洛尔奇，1998,"现代精神的本质"，朱雁冰等译，载刘小枫编《基督教理论与现代》，香港：汉语基督教文化研究所。

雅思贝尔斯，11992,《论韦伯》，卢燕萍译，台北：台湾桂冠图书公司。

马丁·布伯，1986,《我与你》，陈维纲译，北京：三联书店。

唐纳德·戴维森，2007,《对真理与解释的探究》，牟博 江怡译，北京：中国人民大学出版社。

列奥·施特劳斯，2006,《自然权利与历史》，北京：三联书店。

卜松山，2007,"时代精神的玩偶"，载陈鼓应主编《道家文化研究》第二十二辑，北京：三联书店。

夏光，2011,"西方现社会思潮"，（未看稿）。

牟宗三，1978,《历史哲学》，台北：台湾学生书局。

汤一介，1991,《儒释道与内在超越问题》，南昌：江西人民出版社。

潘光旦，1983,《中国境内犹太人的若干历史问题》，北京：北京大学出版社。

杜维明，2001,《东亚价值与多元现代性》，北京：中国社会科学出版社。

赵仁珪，2012,《土水斋诗文选》，北京：线装书局。

秦明瑞，2013,"从本体论到差异论的建沟论：卢曼认识论思想探析"（未刊稿）。

Troeltsch, Ernst 1911/1960,The Social Teaching of the Christian Churches. Chicago: The University of Chicago Press.

Weber, Max 1951, The Religion of China: Confucianism and Daoism. Glencoe: The Free press.
　　　　1958, The Religion of India: The Sociology of Hinduism and Buddhism. Glencoe: The Free Press.
Wolfgang Schluchter, 1996, Paradoxes of Modernity: Culture and in the Theory of Max Weber, trans.by Neil Solomon, Stanford University Press, Stanford ,California .

苏国勋（1942-2021），中国社会科学院社会学研究所理论室研究员、前主任，主要学术专长为社会学思想史、社会学理论研究以及韦伯研究。著有：《理性化及其限制》（2016），《社会理论与当代现实》（2005），《理性化及其限制——韦伯思想引论》（2004）；合著有《全球化：文化冲突与共生》（2006）；主编《社会理论》第1-5辑（2006-2009）；合编《二十世纪西方社会理论文选》第1-3卷（2006）；翻译《新教伦理与资本主义精神》（2010）等。

[中级阅读]

韦伯看东西方宗教[1]

宣力　编

马克思·韦伯是德国的社会学家及历史学家。他坚信通过比较文化研究，可以找出现代资本主义在欧洲产生的原因。

他详细考察了东西方世界在宗教、文化、科学技术、法律、行政等领域的不同特征，认为西方文化具有一种独特的"理性主义"：在法律、政治、经济领域，这种理性主义表现为"形式合理性"(formal rationality)；在科学领域则表现为"理论合理性"(theoretical rationality)。西方理性主义与其他社会结构和制度配合，最终使得现代资本主义在欧洲产生。

韦伯也把目光投向遥远的东方。在《儒教与道教》一书中，韦伯承认以儒教为代表的东方文化也属于理性主义。但是，他认为，儒教的理性主义与以清教(Puritanism)为代表的西方文化的理性主义具有本质的区别。他指出，西方清教的理性主义，目的是理性地支配(Beherrschung/mastery)世界，而东方儒教的理性主义是为了理性地适应(Anpassung/adjustment)世界"。

韦伯解释说，清教徒原本拒绝入世，专注于灵魂拯救，然而，随着教义的改变，"真正的基督徒，出世而又入世，…是上帝的一件工具…成为理性地转化与支配这个世界的有用工具"。另一方面，儒教并不考虑如何理性地转化世界，关注的是内在道德修养和个人人格自我完善，而不是外在事功。儒教所提倡的诚意、正心、格物、致知等"内圣"功夫，在中国

---

[1] 本文是编者根据发表在本刊的孙国勋的原作：《基于中国文化语境重读韦伯》一文，节选、改编并改写为社科汉语的第一篇中级读物。由于内容丰富，编者一共编了三篇中级读物。由于文章较深奥，所有的思考题由本期主编完成。

通讯作者：宣力 (Lik Suen), SOAS, University of London。邮箱：lx@soas.ac.uk

的经久不衰，这最终导致了中西文化的不同走向。

  韦伯把儒家定义为一种东方的宗教，他认为儒家提倡"明德、亲民、至善"是一种"精神救赎"，所以是一种务虚的宗教。这种东方的宗教讲究精神世界的内在超越，与务实、追求外在超越的西方宗教截然不同。

  韦伯的宗教研究基于对比。他以西方基督教也是以西方基督教发展的演变与特质为参照物，去审视东方文化的宗教观念或民俗信仰，因此，中国文化是韦伯眼中的"他者"(the Other)。基于西方清教的教义，他把儒家的祖先崇拜、多神信仰、功利心态等视为弊端。儒家重视经典学习，韦伯批评说"是罪过也是被造物的傲慢表现"，在韦伯看来，祭祀先人"是用巫术对付鬼神，不仅是卑劣的迷信，而且是不逊的亵渎"。

标签：社科汉语　　　级别：中级　　　字数：796

词汇

坚信	jiān xìn	to believe firmly; without any doubt
详细	xiáng xì	detailed; in detail; minute
考察	kǎo chá	to inspect
宗教	zōng jiào	religion
领域	lǐng yù	domain; sphere; field; territory; area
特征	tè zhēng	characteristic; distinctive feature
独特	dú tè	unique; distinct; having special characteristics
合理性	hé lǐ xìng	reason; rationality; rationale; reasonableness
结构	jié gòu	structure
制度	zhì dù	system
配合	pèi hé	matching; fitting in with; compatible with
投向	tóu xiàng	forcus on
遥远	yáo yuǎn	distant; remote
儒教 / 儒家	rú jiào/rú jiā	Confucianism
道教	dào jiào	Taoism/ Daoism
属于	shǔ yú	to be classified as; to belong to; to be part of
本质上	běn zhì shàng	essentially; inherent
支配	zhī pèi	to control; to dominate; to allocate
适应	shì yìng	to adapt; to fit; to suit

拒绝	jù jué	to refuse; to decline; to reject
入世	rù shì	to engage with secular society;
专注于	zhuān zhù yú	to focus on;
灵魂	líng hún	soul; spirit
拯救	zhěng jiù	to save; to rescue
动机	dòng jī	motor; locomotive; motive; motivation; intention
教义	jiào yì	creed; doctrine; teachings
预定	yù dìng	to schedule in advance
基督徒	jī dū tú	Christian; 基督教 Christianity
道德	dào dé	virtue; morality; ethics; Classifiers: 种
修养	xiū yǎng	accomplishment; training; self-cultivation
人格	rén gé	personality; integrity; dignity
完善	wán shàn	(of systems, facilities etc) comprehensive; to refine; to improve
外在	wài zài	external; extrinsic
事功	shì gōng	pursue merit
提倡	tí chàng	to promote; to advocate
诚意	chéng yì	sincerity; good faith
正心	zhèng xīn	righteousness in heart
格物	gé wù	to study the underlying principles, materialism
致知	zhì zhī	seek for knowledge
内圣	nèishèng	inner sainthood
功夫	gōng fu	skill; art; kung fu; labor; effort
导致	dǎo zhì	to lead to; to create; to cause; to bring about
明德	míng dé	highest virtue; illustrious virtue
亲民	qīn mín	in touch with the people; sensitive to people's needs
至善	zhì shàn	pursue the best
精神	jīng shén	spirit; mind; consciousness; thought; mental;
救赎	jiù shú	to save (a soul); redemption
务虚	wù xū	to discuss guidelines; to discuss principles to be followed
讲究	jiǎng jiu	to pay particular attention to;

务实	wù shí	pragmatic; dealing with concrete issues
追求	zhuī qiú	to pursue (a goal etc) stubbornly; to seek after; to woo
基于	jī yú	because of; on the basis of; in view of; on account of
演变	yǎn biàn	to develop; to evolve; development; evolution
特质	tè zhì	characteristic; special quality
参照物	cān zhào wù	reference
审视	shěn shì	to look closely at; to examine
观念	guān niàn	notion; thought; concept; sense; views; ideology
民俗	mín sú	popular custom
信仰	xìn yǎng	to believe in (a religion); firm belief; conviction
祖先	zǔ xiān	ancestor; forebears
功利	gōng lì	utility
心态	xīn tài	attitude; state of one's psyche; way of thinking
弊端	bì duān	malpractice; abuse; corrupt practice
罪过	zuì guo	sin; offense
被造物	bèi zào wù	human beings being made by God
傲慢	ào màn	arrogant; haughty
祭祀	jì sì	to offer sacrifices to the gods or ancestors
先人	xiān rén	ancestors; previous generations; my late father
巫术	wū shù	witchcraft
对付	duì fu	to handle; to deal with; to cope; to get by with
鬼神	guǐ shén	supernatural beings
卑劣	bēi liè	base; mean; despicable
迷信	mí xìn	superstition; to have a superstitious belief (in sth)
不逊	bù xùn	rude; impertinent
亵渎	xiè dú	to blaspheme; to profane

短语

资本主义	zī běn zhǔ yì	capitalism
理性主义	lǐ xìng zhǔ yì	rationalism

经久不衰	jīng jiǔ bù shuāi	unfailing; never-ending
内在超越	nèi zài chāo yuè	inner transcendence
外在超越	wài zài chāo yuè	outer transcendence (perfection through the agency of God)
截然不同	jié rán bù tóng	entirely different; different as black and white
多神崇拜	duō shén chóng bài	Polytheism

思考题

1) 你是否赞同韦伯把儒家定义为一种东方宗教？宗教与哲学的主要区别是什么？
2) 韦伯指出，西方清教的理性主义目的是理性地支配世界，而东方儒教的理性主义是为了理性地适应。你如何理解这句话？
3) 韦伯认为儒家关注的是内在道德修养和个人人格自我完善，而不是外在事功。你是否赞同他的观点？为什么？
4) 在西方国家，人们祭祀先人吗？如果是，那是如何祭祀的？

详细阅读：

请参考本期苏国勋原文：《基于中国文化语境重读韦伯》

宣力女士 (Lik Suen)，英国伦敦大学亚非学院中国与内亚文化和语言系教师；亚非学院中国研究院和翻译中心成员，曾任伦敦孔子学院 (LCI) 副院长。曾先后在香港、美国和英国从事对外汉语教学 20 多年。教授的课程包括：初级汉语、中级汉语、现代汉语高级读物、初级广东话及其口语。她是英国汉语考试委员会主考官，主编《中学阶梯汉语》(*Get Ahead in Chinese*),《步步高中文》(*Chinese in Steps*) 等系列教材。

韦伯的影响在中国

宣力 编

韦伯关于亚洲宗教的论述，集中在《儒教与道教》）和《印度教与佛教》两本书。在韦伯看来，中国文化在亚洲文化中扮演了类似法国在近代欧洲的角色，而印度哲学可以和古代的希腊比美。由此可见，韦伯的比较文化研究，用的标准是欧洲文化。为了突显西方文明的特色，韦伯用中国宗教和其他东方宗教作为反衬。和其他欧洲殖民者一样，韦伯没有超脱那时代所固有的"西方中心论"。

韦伯早年毕业于柏林大学，有法学博士学位，却在几所著名大学教经济学，更多人把他看成是社会学家。韦伯在生命的最后十年致力于东方宗教研究，写作和修订了《儒教与道教》一书。他把这本书作为自己研究"世界诸宗教的经济伦理"的最重要的一本书，可见中国文化在他心目中具有重要地位。

1980年代亚洲四小龙崛起，中国走上改革开放的道路。中国社会科学界开始与国际学术界接触，急于了解外界的情况，奉行"拿来主义"。也就是用西方的理论来研究各种中国问题。很快，中国人开始学习并接受韦伯的思想，尝试用他的宗教观念影响经济行为的理论，去解读东亚经济崛起的原因。接着，学者们借用韦伯关于现代资本主义起源和中国文化的论述，在文化研究领域展开讨论了一系列与儒家传统和现代化的问题。

2020年是韦伯忌辰一百周年，也是《儒教与道教》一书出版一百年，韦伯在《儒教与道教》一书论述的中国文化观，与当代中国发展的关系再一次成为热点。当然，时代变了，三十年后的今天，是一个消化和反思的时期，中国在对外文化交往中表现出越来越强的文化自觉，也开始从不同的角度，重新审视韦伯。

标签：社科汉语　　级别：中级　　字数：627

词汇

宗教	zōng jiào	religion
论述	lùn shù	treatise; discourse; exposition
集中	jí zhōng	to concentrate; to centralize; to focus
儒教；道教	rú jiào; dào jiào	Confucianism; Taoism; Daoism
印度教	yìn dù jiào	Hinduism; Indian religion
佛教	fó jiào	Buddhism
扮演	bàn yǎn	to play the role of; to act
类似	lèi sì	similar; analogous
近代	jìn dài	the period from the Opium Wars until the May 4th 1919 Movement
角色	jué sè	role
哲学	zhé xué	philosophy
希腊	xī là	Greece
比美	bǐ měi	to compare
标准	biāo zhǔn	(an official) standard; norm; criterion
突显	tū xiǎn	to make sth stand out; make sth prominent
文明	wén míng	civilized; civilization
特色	tè sè	characteristic; distinguishing feature or quality
作为	zuò wéi	to act as;
反衬	fǎn chèn	serve as a foil to; , set off by contrast
殖民者	zhí mín zhě	colonizer; colonist
超脱	chāo tuō	to stand aloof; to be detached from
固有	gù yǒu	intrinsic to sth; inherent
中心论	zhōng xīn lùn	…as the centre
生命	shēng mìng	life
致力于	zhì lì yú	devote oneself to
修订	xiū dìng	to revise
诸	zhū	all; various
伦理	lún lǐ	ethics
心目	xīn mù	mind

学术界	xué shù jiè	academic circles; academia
接触	jiē chù	to contact; access; in touch with
急于	jí yú	eager to; in a hurry to
了解	liǎo jiě	to understand; to find out; to understand
外界	wài jiè	the outside world; external
奉行	fèng xíng	to pursue a policy
尝试	cháng shì	to attempt; to try
观念	guān niàn	concept; sense; views; ideology; general impressions
理论	lǐ lùn	theory; Classifiers: 个 ; to argue; to take notice of
解读	jiě dú	to decipher; to decode; to interpret
崛起	jué qǐ	the emergence (e.g. of a power)
借用	jiè yòng	to borrow sth/idea for another use;
起源	qǐ yuán	origin; to originate; to come from
一系列	yī xì liè	a series of; a string of
忌辰	jì chén	anniversary of a death
出版	chū bǎn	to publish
文化观	wén huà guān	view of culture
当代	dāng dài	the present age; the contemporary era
发展	fā zhǎn	development; growth; to develop; to grow; to expand
热点	rè diǎn	hot spot; point of special interest
消化	xiāo huà	to digest; digestion; digestive
反思	fǎn sī	to review; to revisit; to rethink; reflection
审视	shěn shì	to inspect

短语

由此可见	yóu cǐ kě jiàn	it can be seen that...
文化研究	wén huà yán jiū	Culture studies
改革开放	gǎi gé kāi fàng	to reform and open to the outside world around 1980s in China

社会科学界	shè huì kē xué jiè	in the circle of Social Science studies
拿来主义	ná lái zhǔ yì	the attitude of mechanically borrowing (ideas etc)
资本主义	zī běn zhǔ yì	capitalism
展开讨论	zhǎn kāi tǎo lùn	to unfold/to carry out a discussion
文化自觉	wén huà zì jué	culture awareness

思考题

1) 你认为西方资本主义发展的原因是什么？
2) 你是否赞同用西方理论来研究各种中国问题？为什么？
3) 你认为东亚经济崛起和中国改革开放的原因是什么？

详细阅读：

请参考本期苏国勋原文：《基于中国文化语境重读韦伯》

宣力女士 (Lik Suen)，英国伦敦大学亚非学院中国与内亚文化和语言系教师；亚非学院中国研究院和翻译中心成员，曾任伦敦孔子学院 (LCI) 副院长。曾先后在香港、美国和英国从事对外汉语教学近 20 年。教授的课程包括：初级汉语、中级汉语、现代汉语高级读物、初级广东话及其口语。她是英国汉语考试委员会主考官，主编《中学阶梯汉语》(*Get Ahead in Chinese*)，《步步高中文》(*Chinese in Steps*) 等系列教材。

开封的犹太人

宣力 编

今天的开封只是河南省的一个普通城市，不过她却有着悠久的历史。作为北宋（960-1127）时期首都的开封，当时是世界第一大城市，也是一个很有吸引力的国际大都市。你可能不知道，当时的开封，生活着很多犹太人。

公元70年罗马人打败犹太人，犹太人失去了首都耶路撒冷，不得不背井离乡、流落到世界各地。其中的一支犹太人，来到了中国开封，他们留了下来，与汉民族和睦相处，并慢慢融入了中国社会。

宋朝的时候，住在开封的犹太人保留自己的传统，继续自己的信仰。有的犹太人有中文的姓名，还参加科举考试，成为当地的官员。随着时间的推移，犹太文化慢慢受到同化，犹太人的信仰、礼仪习俗、社会和语言发生了一系列的改变。到了17世纪，开封的犹太人开始与其他民族，例如汉族、回族和满族通婚，进一步融入中国社会。

在世界其他地方生活的犹太教徒和伊斯兰教徒，或彼此敌视，老死不相往来；或为争夺领土，打得不可开交。奇特的是，在中国的两教信众却已经融为一家：犹太教在中国自称为回回古教，而伊斯兰教则被称为回回新教；在开封，从帽子的颜色可以很容易区分两教的信徒：犹太教徒戴黑色帽子，自称蓝帽回回或青回回，而伊斯兰教徒戴着白帽子，所以叫白回回。

除了开封以外，中国其他的城市也有犹太人的足迹。苏俄革命后，大批犹太人避难来到中国东北定居，哈尔滨是当时俄国犹太人聚集的城市。第二次世界大战期间，上海不讲任何身份、条件一视同仁地接纳了所有来华避难的犹太人，成为当时犹太人聚集最多的城市。

标签：社科汉语　　　级别：中级　　　字数：610

词汇

开封	kāi fēng	Kaifeng city
河南省	hé nán shěng	Henan province (Honan) in central China

悠久	yōu jiǔ	long (tradition, history etc)
北宋	běi sòng	the Northern Song Dynasty (960-1127)
首都	shǒu dū	capital (city)
犹太人	yóu tài rén	Jew
公元	gōng yuán	CE (Common Era); Christian Era; AD (Anno Domini)
罗马人	luó mǎ rén	Roman
打败	dǎ bài	to defeat; to overpower; to beat; to be defeated
失去	shī qù	to lose
耶路撒冷	yē lù sā lěng	Jerusalem
融入	róng rù	to blend into; to integrate; to assimilate; to merge
保留	bǎo liú	to keep; to retain;
传统	chuán tǒng	tradition; traditional;
信仰	xìn yǎng	to believe in (a religion); firm belief; conviction
推移	tuī yí	(of time) to elapse or pass; (of a situation) to develop or evolve
同化	tóng huà	assimilation (cultural, digestive, phonemic etc)
礼仪	lǐ yí	etiquette; ceremony
习俗	xí sú	custom; tradition; local tradition; convention
一系列	yī xì liè	a series of; a string of
改变	gǎi biàn	to change; to alter; to transform
世纪	shì jì	century; Classifiers: 个
其他	qí tā	other; (sth or sb) else; the rest
民族	mín zú	nationality; ethnic group; Classifiers: 个
回族	huí zú	Hui Islamic ethnic group living across China
满族	mǎn zú	Manchu ethnic group of Liaoning province
通婚	tōng hūn	to intermarry
教徒	jiào tú	disciple; follower of a religion
伊斯兰	yī sī lán	Islam
信众	xìn zhòng	beliver
足迹	zú jì	footprint; track; spoor
避难	bì nàn	refuge; to take refuge; to seek asylum (political etc)

定居	dìng jū	to settle (in some city, country etc); to take up residence
哈尔滨	hā ěr bīn	Harbin, a city in Heilongjiang province 黑龙江 in northeast China
聚集	jù jí	to assemble; to gather
期间	qī jiān	period of time; time; time period
任何	rèn hé	any; whatever; whichever; whatsoever
身份	shēn fèn	identity; status; capacity; dignity; position; rank
条件	tiáo jiàn	condition; circumstances;
接纳	jiē nà	to admit (to membership)

短语

背井离乡	bèi jǐng lí xiāng	to leave one's native place, esp. against one's will
和睦相处	hé mù xiāng chǔ	to live in harmony; to get along with each other
科举考试	kē jǔ kǎo shì	imperial examinations (before 1911)
彼此敌视	bǐ cǐ dí shì	treat each other as enimy
老死不相往来	lǎo sǐ bù xiàng wǎng lái	be completely isolated from each other for entire life
争夺领土	zhēng duó lǐng tǔ	fight over the territory
打得不可开交	dǎdé bù kě kāi jiāo	have endless wars
苏俄革命	sū' é gé mìng	Soviet Russia revolution
第二次世界大战	dì èr cì shì jiè dà zhàn	World War II
一视同仁	yī shì tóng rén	to treat everyone equally favorably (idiom)

思考题

1) 文章中认为开封市是一座怎样的城市？
2) 开封的犹太人是如何融入中国社会的？
3) 为什么在中国犹太教徒和伊斯兰教徒能和平相处甚至融于一家？

详细阅读：

请参考本期苏国勋原文：《基于中国文化语境重读韦伯》

宣力女士 (Lik Suen)，英国伦敦大学亚非学院中国与内亚文化和语言系教师；亚非学院中国研究院和翻译中心成员，曾任伦敦孔子学院 (LCI) 副院长。曾先后在香港、美国和英国从事对外汉语教学近20年。教授的课程包括：初级汉语、中级汉语、现代汉语高级读物、初级广东话及其口语。她是英国汉语考试委员会主考官，主编《中学阶梯汉语》(*Get Ahead in Chinese*)，《步步高中文》(*Chinese in Steps*) 等系列教材。

[高级阅读]

基于中国文化语境重读韦伯[1]

宋连谊　编

【摘要】本文把韦伯《儒教与道教》一书的相关论述纳入中国语言和文化的语境重新进行解读，指出韦伯以西方文化的概念、范畴和标准来解读中国文化现象，比如，他把儒学当作西方文化意义上的宗教来认识，这是造成他误读中国文化的一个重要原因。同样的问题还表现在民俗信仰中的祖先崇拜以及"天人合一"的认识上。此外还应承认，中西语言和文化在表意方法上的深刻差别也是造成韦伯误读的一个原因。

三，视欧洲的地方性为普世性

　　把儒学说成为西文的 religion（宗教）在中国学术史上历来存有争议。韦伯因儒家"明德、亲民、至善"而将其视为一种"精神救赎论"，将包括儒教在内的一切东方宗教贵虚、讲究精神世界的内在超越与贵实的、以禁欲主义的"天职观"追求外在超越的西方宗教对立起来。这样，他就从救赎论出发把儒学视为西方文化意义上的"救世论"宗教，从中国文化的角度来看，这是强把东方现象纳入西方概念，然后再以西方宗教为基准来看中国的宗教观念或民俗信仰，这样中国的宗教和民俗信仰就具有了祖先崇拜、多神信仰、功利心态等方面的问题和弊端。这与西方人把宗教信仰视为人的"终极关切"的救赎心态（依靠信仰通过赎罪企盼灵魂得到拯救）完全不是一回事，不可同日而语。在中文中，用"宗教"传译西文

---

[1] 本文是编者根据发表在本刊的孙国勋的原作：《基于中国文化语境重读韦伯》一文，节选、改编并改写为社科汉语的一篇高级读物。由于内容丰富并且深奥，本期主编对词组部分做了进一步的区分。所有的思考题由本刊主编完成。

通讯作者：宋连谊 (Lianyi Song), SOAS, University of London。邮箱：ls2@soas.ac.uk

religion 一词本来就是借用。据《说文解字》：宗，从宀从示（礻）；示谓神也，宀谓屋也。宗尊双声（同音）；宗，尊也，祖庙也。凡尊者谓之宗，尊之则曰宗之。尊莫过于尊於祖庙，故谓之宗庙。教，上所施下所效也，故从攵从孝。引申为所教所学之内容，即教规教义 (doctrines)。合起来，宗教就是教导人们尊崇传统的学说或思想体系。作为一种思想体系，儒教学说引导人们关注个人的内心道德世界，注重人格的修习圆满，走的是一种内在超越的理路，而较少关注崇拜、信仰内容的纯正，客观上导致中国人在行动举止上的宽容、豁达、包容异己、兼收并蓄的待人接物方式。正如一些古语、谚语中所说："水至清则无鱼，人至察则无徒"、"金无足赤，人无完人"、"过洁世同嫌"，这些都体现了中国传统文化的"毋意，毋必，毋固，毋我"（所谓"子四绝"）中和变通的哲理，反对社会生活中一切极端、绝对的主张。因此，把儒学说成宗教是从功能比附意义上指它对社会生活的影响至广至深无所不在，而不是说孔夫子是一种超越性的、绝对性的、人格性的神，因为中国文化看重生活实践，认为生活中的一切都是相对的，现实中没有绝对，绝对只存在于形而上、理念和意识形态中。

词语学习

1. Word formation / 字词组合

The word 性 has two basic meanings: sex and nature. Question: Are 'sex' and 'nature' related in some way? Answer: … (You may supply your own answer here). You may find that 性 is often attached to other nouns or adjectives and add the meaning of 'nature' or 'characteristic') to the noun or adjective it is attached to. This function is similar to a suffix in English like -*ity* or -*ness*.

地方性：地方 (place) + 性 = local characteristic or local feature
普世性：普世 (universal) + 性 = universality
超越性：超越 (transcend) + 性 = transcendence
绝对性：绝对 (absolute) + 性 = absoluteness
人格性：人格 (personality) + 性 = personality (with the emphasis on the nature of personality)

2. Four-character phrases / 四字词语

民俗信仰	Mínsú xìnyǎng	folk beliefs; folk custom and beliefs
祖先崇拜	zǔxiān chóngbài	ancestor worship; ancestral worship
天人合一	tiān rén hé yī	harmony between man and nature; unity of heaven and man
将其视为	jiāng qí shì wéi	treat it as; consider it as
多神信仰	duō shén xìnyǎng	polytheism; polytheistic faith
功利心态	gōnglì xīntài	utilitarian mentality
终极关切	zhōngjí guānqiè	ultimate concern
修习圆满	xiū xí yuánmǎn	completing the training (usually related to religious education and practice)
兼收并蓄	jiānshōu bìngxù	eclectic
待人接物	dàirén jiēwù	treating people; dealing with people and things
中和变通	zhōnghé biàntōng	neutralization and modification
至广至深	zhì guǎng zhì shēn	broadest and deepest;
无所不在	Wúsuǒbùzài	omnipresent; ubiquitous
同日而语	tóng rì ér yǔ	(regard two things as) the same or similar. Usually used in the negative form such as 不可同日而语, i.e. should not regard the two things as the same or similar.
意识形态	yìshí xíngtài	Ideology

3. Sayings / 谚语

There are three sayings in the above passage. We have offered the literal translation for you to understand the original meaning. You can then come up with a translation of your own.

"水至清则无鱼，人至察则无徒"– literal translation: if the water is extremely clear, there would be no fish; if a person is extremely discerning or sharp, he would have no followers.

"金无足赤，人无完人"– literal translation: No gold is completely pure. Nobody is perfect.

"过洁世同嫌"– literal translation: (If a person is) excessively clean or pure, the world (i.e. people generally) would all dislike him.

练习 1 词语学习 - 将下列词语译成英文：

天人合一   兼收并蓄   中和变通   内在超越
包容异己   功能比附

练习 2 讨论题

1) 你如何理解并翻译下列词语？他们表达了中国文化中的什么思想？
   "毋意，毋必，毋固，毋我"
2) 作者认为"宗教"和"儒学"的主要区别是什么？你赞同吗？

宋连谊博士 (Lianyi Song)，英国伦敦大学亚非学院中国与内亚文化和语言系高级讲师；亚非学院中国研究院和翻译中心成员。在英国获得教育学博士学位前后从事对外汉语教学 20 多年。他教授的课程包括：中文、高级中文、商务中文，汉译英等；研究兴趣为中文教学法、话语分析和中文应用语言学。其汉语教学著述包括《普通话自学入门》《十天会说普通话》《自信地说普通话》《普通话初学者》《普通话会话》，以及《中文读写脚本》等。

写作

[中文]

台湾的国家认同影像：台湾原住民青年如何体验国家认同？[1]

罗奕昕

台湾的国家认同问题与其他许多民族多元化地区一样，具有多层次性和内在复杂性。值得注意的是，日本在台湾的殖民时期（1895-1945 年）和国民党领导的军事统治时期（1949-1987 年）对台湾国家认同的形成和发展产生了重大影响。因此，出现了一大类文献通过不同方面来考量台湾的国家认同，包括国内政策、总统时期、外部影响等。然而，大多数学者都没有具体讨论台湾原住民群体的国家认同主题。台湾的原住民可能只占台湾总人口的不到 3%，但是这样做的一个主要后果是抹杀了这些原住民的声音，他们仍在为建立强大的政治代表性和社会存在而奋斗。因此，本研究项目的目标是开启一场关于国家认同的讨论，而且讨论的核心就是台湾代表性不足的原住民群体。

作为一个概念，国家认同可以解释为对"我们 / 我们"群体的一种心理依恋，这种依恋是由社会和政治构建的。[2] 随着时间的推移，这种认同会因"社会化机制"的影响而改变，"社会化机制"包括语言、文化、对共享历史的诠释等。[3] 这种特别的"台湾人"认同（相对于军事统治时期实施的"中国人"认同）最初是在李登辉和陈水扁担任总统期间（分别为

---

[1] 本文是作者罗奕昕 (Josephina Georgopoulou) 于 2023 年 4 月撰写的本科毕业论文原文摘要。作者来搞时说明该文代表其当时的中文写作水平，本刊主编没做修改，欢迎读者反馈。

[2] Chu, 'Taiwan's Identity Politics'; Fukuyama, 'Identity'.

[3] Wang, 'The Taiwan Voter'; Fukuyama, 'Identity'.

通讯作者：罗奕昕 (Josephina Georgopoulou), SOAS, University of London。
邮箱：josie.georgopoulou@gmail.com

1996-2000 年和 2000-2008 年）建立和加强的。[1] 这方面的证据通常基于国立政治大学选举研究中心每年进行的民意调查，特别是中心关于"台湾民众台湾热/中国人认同趋势分"和"台湾民众统独立场趋势分布"的民意调查。本文撰写时的最新数据显示，民众对认同的意见分布如下：台湾人，60.8%；台湾人和中国人，32.9%；中国人，3.6%。[2] 此外，在统独问题上最受欢迎的三种立场如下：维持现状，日后再决定，28.7%；无限期维持现状，28.5%；维持现状，走向独立，25.4%。[3]

由于时间和资源的限制，本研究仅对台湾原住民大学生进行了四次半结构式访谈。因此，虽然这些数据不能一概而论，但可以作为拓展这一领域研究的重要起点。首先，访谈的初步结果表明，台湾原住民社区非常重视各自的部落文化，包括其语言和传统习俗。受访者还一致认为，教育系统及其结构的缺陷阻碍了原住民社区保留其文化。受访者对民进党和国民党均持批评态度，他们进一步强调，台湾原住民与汉族台湾人之间的分裂依然存在。在对访谈进行详细分析后，研究进一步证实，有两种形式的教育可以建立国家认同：正规教育（机构教育）和非正规教育（参与文化和传统部落习俗）。此外，台湾原住民与汉族之间的经济差距直接阻碍了生活在台湾农村地区的原住民社区获得高质量的教育。由此可见，经济差距进一步加深了台湾原住民与汉族之间的隔阂。然而，面对中国日益增长的经济和政治实力，台湾原住民青年将对国家（台湾人）的认同置于自身民族认同之上，这表明"中国"因素可能成为巩固强大的"台湾人"认同的催化剂。

总括而言，虽然原住民的族群认同被预期设置在台湾的国家认同中，但台湾的原住民青年在某种程度上同时以原住民作为他们的族群与文化认同，并以台湾人作为他们的政治认同。因此，台湾原住民青年可以流动地体验国家认同，因为他们的认同可以同时是种族（原住民）、文化（原住民或台湾人）和政治（台湾人），也可以在不同的时间点上是种族（原住民）、文化（原住民或台湾人）和政治（台湾人）。进一步的研究可以更深入地关注导致从一种认同向另一种认同转变的不同因素，包括经济因素、

---

[1] See authors such as Corcuff, 'Taiwan's Mainlanders'; Ho, 'Crafting the Taiwanese'; Hughes, 'Negotiation National Identity in Taiwan'; Marsh, 'National Identity and Ethnicity in Taiwan'.
[2] Election Study Center, National Chengchi Univeristy, Taiwanese / *Chinese Identity*.
[3] Election Study Center, National Chengchi Univeristy, T*aiwan Independence vs. Unification with the Mainland.*

教育政策和实施，以及中国在国际秩序中的发展地位。

References

Chu, Yun-han. 2011. Taiwan's Politics of Identity: Navigating Between China and the United States, in Gunter Schubert, Jens Damm, and Byung-Kook Kim, eds, *Taiwanese Identity in the 21st Century: Domestic, Regional and Global Perspectives*, 133–54. Taylor & Francis Group. https://www.proquest.com/legacydocview/EBC/957420?accountid=16710.

Corcuff, Stephance. 2011. Taiwan's Mainlanders under President Chen Shui-Bian: A Shift from the Political to the Cultural?, in Gunter Schubert, Jens Damm, and Byung-Kook Kim, eds, *Taiwanese Identity in the 21st Century: Domestic, Regional and Global Perspectives*, 133–54. Taylor & Francis Group. https://www.proquest.com/legacydocview/EBC/957420?accountid=16710.

Election Study Center, National Chengchi University. Taiwan Independence *vs.* Unification with the Mainland (1994/12~2023.06). https://esc.nccu.edu.tw/PageDoc/Detail?fid=7801&id=6963 [Accessed December 14, 2023].

Election Study Center, National Chengchi University. Taiwanese/Chinese Identity (1992/06~2023/06). https://esc.nccu.edu.tw/PageDoc/Detail?fid=7800&id=6961 [Accessed December 14, 2023].

Fukuyama, Francis. 2018. *Identity: Contemporary Identity Politics and the Struggle for Recognition*. Profile Books.

Ho, Norman. 2006. Crafting the Taiwanese: The Ambivalence of Taiwan's National Identity. *Harvard International Review* 28, no. 1: 30–33. https://www.jstor.org/stable/42763081.

Hughes, Christopher H. 2011. Negotiating National Identity in Taiwan: Between Nativization and de-Sinicization, in Robert Ash, John W. Garver, and Penelope B. Prime, eds, *Taiwan's Democracy: Economic and Political Challenges*, 51–24. Routledge.

Marsh, Robert. 2002. National Identity and Ethnicity in Taiwan: Some Trends in the 1990s, in Corcuff Stephane, ed, *Memories of the Future: National Identity Issues and the Search for a New Taiwan*, (17). Taylor & Francis Group.

Wang, T. Y. 2017. The Taiwan Voter' in T. Y. Wang and Christopher H. Achen, eds, *The Taiwan Voter*, 45–70. University of Michigan Press. http://www.jstor.org/stable/j.ctvndv9z7.6.

罗奕昕 (Josephina Georgopoulou) 女士，伦敦大学亚非学院 (SOAS) 中文与政治学学士。她获得了燕京学堂奖学金，并于 2023 年在北京大学燕京学堂攻读中国学法律硕士（政治与国际关系）。她致力于政策分析和发展方面的职业生涯，同时在北京的当地组织做志愿者，帮助改善社区的教育水平。她曾在 2023 年第四届社会公益与商务创新中文大赛决赛中获得了参与奖。

[参考英文]

Imaging national identity in Taiwan: how do Taiwan's indigenous youth experience national identity?[1]

Josephina Georgopoulou

The issue of national identity in Taiwan, as in many other ethnically diverse regions, is multi-layered and inherently complex. Notably, Japan's colonial period in Taiwan (1895-1945) and the KMT-led military rule (1949-1987) have had significant consequences for the formation and development of national identity in Taiwan. Thus, a large category of literature has emerged that examines national identity in Taiwan through one of many lenses, including domestic policy, presidential time periods, external influence and more. However, most scholars fail to address national identity amongst Taiwan's indigenous groups specifically, who make up less than 3% of the entire Taiwanese population. A key consequence of this is that this erases the voices of such communities, who continue to struggle to establish strong political representation and social presence. As a result, the objective of this research project was to open a conversation on national identity centred around the voices of Taiwan's underrepresented indigenous communities.

As a concept, national identity can be explained as a psychological attachment to a 'we/us' group which has been socially and politically constructed.[2] This can change over time through the influence of 'socialisation mechanisms', which target language, culture, interpretation of a shared history and more.[3] A distinct 'Taiwanese' identity (as opposed to the 'Chinese' identity implemented during military rule) was initially built and strengthened during the Lee Teng-hui and Chen Shui-bian presidencies (1996-2000 and 2000-2008, respectively).[4] Evidence of this is often based on annual survey polls conducted by the National Chengchi University Election Study Center, specifically their polls on 'Changes in the Taiwanese/Chinese Identity of Taiwanese'

---

[1] This is a summary of the original undergraduate dissertation the author wrote in April 2023.
[2] Chu, "Taiwan's Identity Politics"; Fukuyama, "Identity".
[3] Wang, "The Taiwan Voter"; Fukuyama, "Identity".
[4] See authors such as Corcuff, "Taiwan's Mainlanders"; Ho, "Crafting the Taiwanese"; Hughes, "Negotiation National Identity in Taiwan"; Marsh, "National Identity and Ethnicity in Taiwan".

and 'Changes in the Unification-Independence Stances of Taiwanese'. The most recent data at time of writing shows the distribution of the population's opinion on identity as follows: Taiwanese, 60.8%; Taiwanese and Chinese, 32.9%; Chinese, 3.6%.[1] Further the three most popular stances on the unification-independence issue are as follows: maintain status quo, decide at a later date, 28.7%; maintain status quo indefinitely, 28.5%; maintain status quo, move toward independence, 25.4%.[2]

Due to time and resource constraints, the research was limited to only four semi-structured interviews with ethnically indigenous Taiwanese university students. Therefore, although the data cannot be generalised, it serves as a significant starting point to expanding research in this field. Firstly, the initial findings from the interviews demonstrated that Taiwan's indigenous communities greatly value their individual tribal culture, including its language and traditional practises. There was also agreement across the interviewees that flaws in the education system and its structure were preventing indigenous communities from retaining their culture. Critical of both the DPP and the KMT, the interviewees further emphasised anecdotally that divisions between indigenous Taiwanese and ethnically Han Chinese Taiwanese continue to exist. Following detailed analysis of the interviews, the research further confirmed that there exist two forms of education which can build national identity: formal (institutional) and informal (participation in cultural and traditional tribal practises). Furthermore, the economic disparity between indigenous and Han Chinese Taiwanese is directly preventing indigenous communities living in Taiwan's rural areas from accessing high-quality education. By implication, economic disparity is further deepening the divide between indigenous and Han Chinese Taiwanese. However, in reaction to China's growing economic and political strength, Taiwan's indigenous youth prioritise identity with the state (Taiwanese) over their own ethnic identity, demonstrating how the 'China' factor may be acting as a catalyst for consolidating a strong 'Taiwanese' identity.

In conclusion, although it is expected that the Indigenous ethnic identity is set within a Taiwanese national identity, Taiwan's indigenous youth have, to a certain extent, adopted Indigenous as both their ethnic and cultural identity, and Taiwanese as their political identity. Therefore, Taiwan's indigenous youth can experience national identity fluidly, as their identity can be ethnic (Indigenous), cultural (Indigenous or Taiwanese) and political (Taiwanese) all at once or at separate moments in time. Further research could focus more deeply on separate factors that cause a shift from one identity to another, including economic factors, education policies and implementation, and China's developing position in the international order.

---

[1] Election Study Center, National Chengchi Univeristy,"Taiwanese / Chinese Identity".

[2] Election Study Center, National Chengchi Univeristy,"Taiwan Independence vs. Unification with the Mainland.

[中文]

午夜太阳之地的龙 —— 中国在北极的雄心[1]

颜玫莉

论文概要：在分散的治理架构中，北极已成为资源开发、核威慑和气候变化等日益复杂的挑战的"战场"。随着北极无冰的前景越来越近，越来越多的参与者提出了北极治理全球化的问题。本文通过揭示中国外交政策中被严重忽视的层面，试图回答以下问题："为什么北极对中国具有战略意义？"，以及"我们如何理解中国的北极政策？"。更具体地说，本文探讨了中国为何以及如何将北极纳入其外交政策的雄心。它对现有文献进行了理论概述，论证了北极的战略重要性，并对中国的北极外交政策进行了分析。虽然北极确实具有地缘战略价值，但物质原因不足以解释中国的参与。而中国想要获得国际声望和加强地缘政治姿态的意愿更好地解释了中国的北极政策。中国对该地区的参与是一个教科书般的案例：中国有能力在利益领域将经济机会主义与更具全球视野的大国战略结合起来。

引言

"中国在北极没土地，但有利益"

（郭培清，2016）

2018年1月，在首份北极白皮书中，中国宣布自己是"近北极国家"和"北极事务的重要利益攸关方"（北极白皮书，2018）。这种言论引发了

---

[1] 本文是作者颜玫莉 (Maïlys Etienne) 在伦敦政治经济学院中文四级 (LN240，2022-2023) 课程中的论文，经过缩减和修改。所有英文引用的翻译均由作者完成。指导老师为施黎静博士。

通讯作者：颜玫莉 (Maïlys Etienne), The London School of Economics and Political Science.
邮箱：m.e.etienne@lse.ac.uk .

美国等地缘政治对手的强烈反应。

自北极白皮书发布以来，中国一直使用"北极利益相关者"的措辞来形容其在北极的参与 (Lasserre，Alexeeva & Huang，2017)。西方大国一直以谨慎的眼光关注着中国对该地区的介入。"不要把北极变成新的南中国海"(AFP，2019) 的警告性呼吁和"中国在其他地方的侵略行为模式将影响它如何对待北极"(Sengupta，2019) 的预测成倍增加。令人惊讶的是，中国的任何一项北极政策似乎都无法证实这种预测。相反，迄今为止，中国通过遵守《联合国海洋法公约》(UNCLOS) 原则和北极国家的国内法，在该地区表现出对国际法的高度尊重 (Mammadov，2022；Odgaard，2022)。

中国在北极的行为与国际参与者的预期形成了鲜明对比。是什么让北极成为中国外交政策的一个特例？为什么中国如此看重北极？因此，笔者研究了中国为什么以及如何将北极野心纳入其外交政策后发现：中国政府有能力结合经济机会主义和更普遍意义上的大国战略。本文的第一部分对中国北极外交政策的现有文献进行理论综述，第二部分论证北极的战略价值，并在第三部分对中国的北极外交政策进行实证分析。

文献综述与研究方法

首先，本文采用国际关系方法论，这意味着是通过阅读和比较与研究主题相关的不同文章进行的。为了使资料来源多样化，研究以英语、法语和普通话进行，包括了广泛的材料：政府论文、学术文章、国际组织报告、报纸文章和非政府组织声明。

关于中国北极政策的文献有限，是这个研究中的一个重大挑战。然而，本节论文试图概述与这个问题相关的现有文献：总的来说，界定了学术文献中的三个主要潮流：

第一种学术潮流认为，中国在北极的利益充其量是次要的。Lackenbauer、Lajeunesse & Dean (2022) 以及 Buchanan & Strating (2020) 等作者认为，评论员经常夸大中国对该地区的兴趣程度。对他们来说，中国不应被视为北极地区的一个严重竞争对手。笔者发现，这一观点没有实证证据支持，因为中国的多维北极政策显示了对该地区的高度兴趣。

第二种学术争论中国对北极的兴趣纯粹是机会主义的。在 Kopra (2013)、Lasserre、Alexeeva & Huang (2017) 以及王 (2022) 等作者看来，中国试图在不挑战北极沿岸国家主权的情况下重申其在北极国际政治中的地位。

第三种学术潮流最近获得了更大的影响力。这一理论认为，中国的北极政策反映了一种更加全球化的大国战略。它是多维的，且精心运作以扩大中国的影响。Hong (2023)、Koh (2020)、Pursiainen、Alden & Bertelsen (2021) 等作者持这一观点。对他们来说，中国在北极的战略利益超出了经济范畴。他们认为，在经济发展和科学研究的旗帜下，中国正试图逐步扩大其在北极的战略安全足迹。这是许多政治领导人和国际关系理论家的共识。本文将把这一理论观点与前一个进行对比，以确定哪一个最符合中国的北极政策。

正文

（一）北极：战略要地？

A- 定义北极

（1）北极的地理概念

北极是指北极圈以北的陆地和海洋区域——大约北纬66度34分 (Tiburzi，2022)。只有八个公认的北极国家：美国 (阿拉斯加州)、加拿大、俄罗斯、冰岛、丹麦 (格陵兰)、挪威、瑞典和芬兰。

（2）目前北极的行政治理

北冰洋属于《联合国海洋法公约》(UNCLOS) 的管辖范围。在UNCLOS 的统治下，各国对其专属经济区内的资源拥有完全的控制权。在这些边界之外是北极的公海，除了少数领域，如获取矿产和渔业资源，那里明显缺乏管理 (WWF，2023)。

主要管理机构是成立于1996年的北极理事会（图一）。这是公认的成员国和北极土著人民代表进行讨论的国际论坛。它还接纳其他国家和一些著名的政府间和非政府组织为正式观察员。它处理需要区域合作的活动，如应对石油泄漏，开展搜索和救援行动，创建保护区网络，以及研究气候变化的影响。

B- 北极为何具有战略意义？

（1）科学研究

历史上，由于其独特的气候和地磁特征，对北极感兴趣的第一个领域是科学研究。北极在理解气候变化方面也特别重要。对科学家来说，北极发生的事情会影响我们星球的其他地方。北极变暖确实意味着世界各地更加恶劣的天气事件。科学发现还表明，随着全球气温上升，锁定在冰川和永久冻土中的病毒更有可能重新唤醒并感染当地的野生动物。这可能是下一个疫情的原因。因此，为了更好地适应气候变化研究北极至关重要。

（2）自然资源

北极还因其丰富的自然资源储备而具有重要的战略意义。事实上，2008年的一项研究估计，北极的碳氢化合物储量占全球天然气储量的29%，石油储量的10% (USGS, 2008)。其他矿产资源包括大量的铁矿石、铀、铜、镍、磷酸锌、黄金、钻石和稀土金属。该地区的丰富的渔业资源还对于那些寻找新方法来养活不断增长的人口的国家来说，尤其有吸引力。

随着北极的极地冰以前所未有的速度融化，世界上最大的玩家因此将该地区视为一个新的可供争夺的"无人区"。在自然资源日益稀少的背景下，这导致许多全球行为者将北极视为"新中东"。

（3）贸易

到本世纪末，气候变化将使北极港口和新海上航线的通达性增加。这些航道包括北海航线、西北航道和跨极地航线。北海航线尤其令人感兴趣，因为它比传统海航线短约三分之一。因此，这条海上航线将更便宜，节省燃料，并减少海运对环境的影响。

（4）国防

最后，北极是世界上大国之间距离最近的地区。在防御方面，这使得北极成为部署潜艇和实施核威慑的非常具有战略意义的地方。

（二）分析中国的北极政策

在第一部分，笔者从科学、经济和国防角度论证了北极的战略重要性。在第二部分，笔者将对中国的北极政策进行分析，并评估这些政策是彰显了中国的经济机会主义，还是用它的大国战略更讲得通。

A- 研究与环境

中国对该地区的政治兴趣只能追溯到20世纪80年代末，1989年成立了中国极地研究所 (Eiterjord, 2020)。1992年，它制定了第一个五年区域研究计划。1994年，它从乌克兰购买了第一艘破冰船，并将其改造成一艘科学考察船。自上世纪90年代以来，中国在北极的存在一直在加速。它加入了国际北极科学委员会 (IASC)，与极地国家一起进行科学考察，并于2003年开设了第一个研究站（黄河站在挪威斯瓦尔巴特群岛的新奥尔松[1]）。在2000年代和2010年代，中国加强了与极地国家的伙伴关系，启动了第二艘"中国制造"破冰船的建造，并获准以正式观察员身份加入北极理事会。

过去十年，中国每年都对北冰洋进行科考航行，完成了世界上首次通过东北航道的商业航运，并发布了首份北极白皮书。后者加强中国对科学研究的承诺：文件中列出的前两个（共五个）政策方向都集中在"不断深化对北极的探索和认知"和"保护北极生态环境和应对气候变化"（2018）。中国对上述政策取向给出的主要动机是，中国将深受气候变化的影响：因此，理解气候变化是中国政府的优先事项。尽管这些因素都证实了中华人民共和国对该地区的科学兴趣，但很难确定中国的北极政策主要是由机会主义还是全球大国战略驱动的。接下来，笔者将从以下侧重于经济学和地缘政治学的角度来探索旨在回答这个问题。

B- 经贸

对于许多国际关系理论家来说，中国在北极的主要利益在于经济和贸易。事实上，中国与极地国家的经济伙伴关系成倍增长 (Foreign Affairs Committee，2022)：

（1）在格陵兰，中国加大了投资力度：从2012年到2017年，中国的投资达到了格陵兰国内生产总值的12%。此外，中国的国有企业通过投资稀土矿开发项目来获得采矿权。

（2）在冰岛，中国石油巨头中海油拥有"Dreki"项目60%的股份，这是一个雄心勃勃的在该国海域进行石油勘探的项目。

（3）在芬兰，中国国有企业是两个生物炼制和生物燃料项目的大股东和运营商。

（4）在俄罗斯，中国国家开发银行承诺提供100亿美元支持"一带一路"倡议。此外，中国资本已经为"Yamal LNG"设施（生产液化天然气）提供了超过80%的资金，中国公司主导了该项目的运营。参与"Yamal LNG"项目为中国提供了许多经济优势。在国际层面，它为进一步推动"一带一路"倡议和提升中国作为国际能源市场积极参与者的地位提供了机会。在国内层面，它帮助中国企业获得了作为大型能源项目投资者和制造商的经验。该项目也代表了中国政府最近发起的实现煤制气转型的又一步 (Filimonova 和 Krivokhizh，2018)。

---

[1] Ny-Ålesund, Svalbard, Norway

这些例子很好地说明了中国在北极的经济利益。中国发展"极地丝绸之路"的意愿强化了这一点。因此，所有这些因素似乎都证实了中国的北极政策是由经济机会主义驱动的说法。

C- 地缘政治地位和国防

许多报告证明了北极对于核威慑的战略价值。核动力攻击潜艇确实能够从北极到达大多数大国 (Grady，2023)。迄今为止，俄罗斯的威胁是该地区最重要的威胁。然而，像中国这样的军事大国想要获得这样的军事优势并不奇怪。例如，中国最近的到2025年建造重型核动力破冰船的项目就说明了这一点 (Eiterjord，2023)。

此外，研究人员和政治家 (Foreign Affairs Committee，2022) 都指出，中国正在不断发展潜在的两用技术，即可用于民用又可用于军用的技术。这种情况 (Gricius，2021) 包括：

（1）在格陵兰，中国行为者寻求购买众多机场，包括一个前美国军事基地。

（2）在瑞典，第一个中国海外卫星接收地面站于2016年建立。

（3）芬兰和中国在2018年同意建立一个卫星观测和遥感联合中心。此外，中国国有企业(如华为海运)正在与芬兰合作建设北部海上通道的海底通信电缆。这种电缆提高了中国的水下监视能力，并显著增强了其在北极地区的信息收集能力。

研究人员也表明，中国在北极积极的商业和能源存在是加强其地缘政治态势的一种手段。例如，北极航线将为中国船只提供绕过美国海军长期占据主导地位的南方航线的能力 (Nakano & Li，2018)。同样的，"极地丝绸之路"可以在全球凸显中国的经济能力，并促进其战略性软实力外交 (Sharma，2021)。

结论

总之，这篇论文表明，北极有比我们看到的更多的东西。事实上，从环境、经贸以及国防的角度来看，这是一个极具战略意义的海域。因此，像中国这样的大国对这一地区感兴趣就不足为奇了。本文考察了中国的北极政策，并试图确定它主要是由经济机会主义还是更普遍的大国战略所驱动。中国的外交政策的多维特征表明，单纯的物质利益不能充分解释中国对该地区的介入。因此，最好把它作为全球大国战略的一部分来研究。未来的研究可继续探讨北极国家如何看待中国越来越多地参与北极事务，帮助西方避免陷入修昔底德陷阱（"Thucydides Trap"）并避免错误解读北京的意图而导致意外冲突。

参考书目：

AFP 2019. 'US warns Beijing's Arctic activity risks creating"new South China Sea"', *The Guardian*, 6 May. Available at: https://www.theguardian.com/world/2019/may/06/pompeo-arctic-activity-new-south-china-sea (Accessed: 12 April 2023).

北极白皮书 2018. 中国的北极政策. Available at: http://www.gov.cn/zhengce/2018-01/26/content_5260891.htm (Accessed: 28 April 2023).

Buchanan, E. and Strating, B. 2020. *Why the Arctic is Not the 'Next' South China Sea*, War on the Rocks. Available at: http://warontherocks.com/2020/11/why-the-arctic-is-not-the-next-south-china-sea/ (Accessed: 12 April 2023).

Eiterjord, T.A. 2020. *The Geopolitics of Chinese Arctic Research*, Max Planck Institute for the History of Science. Available at: https://www.mpiwg-berlin.mpg.de/research/projects/geopolitics-chinese-arctic-research (Accessed: 28 April 2023).

Eiterjord, T.A. 2023. *Checking Back in on China's Nuclear Icebreaker*, The Diplomat. Available at: https://thediplomat.com/2023/02/checking-back-in-on-chinas-nuclear-icebreaker/ (Accessed: 28 April 2023).

Filimonova, N. and Krivokhizh, S. 2018. *China's Stakes in the Russian Arctic*, The Diplomat. Available at: https://thediplomat.com/2018/01/chinas-stakes-in-the-russian-arctic/ (Accessed: 28 April 2023).

Foreign Affairs Committee. 2022. 'China Regional Snapshot: Arctic', *Committee on Foreign Affairs*. Available at: https://foreignaffairs.house.gov/china-regional-snapshot-arctic/ (Accessed: 28 April 2023).

郭培清 (2016) 中国在北极没土地，但有利益，环球网. Available at: https://www.huanqiu.com/article/9CaKrnJV498 (Accessed: 12 April 2023).

Grady, J. 2023. 'Russian Arctic Threat Growing More Potent, Report Says', *USNI News*, 27 January. Available at: https://news.usni.org/2023/01/26/russian-arctic-threat-growing-more-potent-report-says (Accessed: 28 April 2023).

Gricius, G. 2021. *Geopolitical Implications of New Arctic Shipping Lanes*, The Arctic Institute - Center for Circumpolar Security Studies. Available at: https://www.thearcticinstitute.org/geopolitical-implications-arctic-shipping-lanes/ (Accessed: 28 April 2023).

Hong, N. 2023. *What does the High Seas Treaty imply for China in the South China Sea and the Arctic Ocean?*, ICAS. Available at: https://chinaus-icas.org/research/what-does-the-high-seas-treaty-imply-for-china-in-the-south-china-sea-and-the-arctic-ocean/ (Accessed: 20 April 2023).

Koh, S.L.C. 2020. *China's strategic interest in the Arctic goes beyond economics*, Defense News. Available at: https://www.defensenews.com/opinion/commentary/2020/05/11/chinas-strategic-interest-in-the-arctic-goes-beyond-economics/ (Accessed: 20 April 2023).

Kopra, S. 2013. 'China's Arctic Interests', *The Arctic Yearbook*, 2. Available at: https://arcticyearbook.com/images/yearbook/2013/Scholarly_Papers/5.KOPRA.pdf (Accessed: 4 April 2023).

Lackenbauer, P.W., Lajeunesse, A. and Dean, R. 2022. *Why China Is Not a Peer Competitor in the Arctic*, Air University - Journal of Indo-Pacific. Available at: https://www.airuniversity.af.edu/JIPA/Display/Article/3172586/why-china-is-not-a-peer-competitor-in-the-arctic/ (Accessed: 28

Lasserre, F., Alexeeva, O.V. and Huang, L. 2017. 'China's strategy in the Arctic: threatening or opportunistic?', *Polar Record*, 53(1), pp. 31–42. Available at: https://doi.org/10.1017/S0032247415000765. (Accessed: 24 November 2022).

Mammadov, A. 2022. *China, the Arctic, and International Law, Modern Diplomacy*. Available at: https://moderndiplomacy.eu/2022/04/22/china-the-arctic-and-international-law/ (Accessed: 12 April 2023).

Nakano, J. and Li, W. 2018. *China Launches the Polar Silk Road, Center for Strategic and International Studies*. Available at: https://www.csis.org/analysis/china-launches-polar-silk-road (Accessed: 28 April 2023).

Odgaard, L. 2022. 'Home versus abroad: China's differing sovereignty concepts in the South China Sea and the Arctic'. Available at: https://doi.org/10.1080/09557571.2022.2078278 (Accessed: 13 November 2022).

Pursiainen, C., Alden, C. and Bertelsen, R. 2021. 'The Arctic and Africa in China's Foreign Policy: How Different Are They and What Does This Tell Us?', *Arctic Review on Law and Politics*, 12, pp. 31–55.

Sengupta, S. 2019. 'United States Rattles Arctic Talks With a Sharp Warning to China and Russia', *The New York Times*, 6 May. Available at: https://www.nytimes.com/2019/05/06/climate/pompeo-arctic-china-russia.html (Accessed: 12 April 2023).

Sharma, A. 2021. 'China's Polar Silk Road: Implications for the Arctic Region', *Air University - Journla of Indo-Pacific Affairs*. Available at: https://www.airuniversity.af.edu/JIPA/Display/Article/2820750/chinas-polar-silk-road-implications-for-the-arctic-region/ (Accessed: 28 April 2023).

Tiburzi, F. 2022. *China's Polar Silk Road and geopolitics of the Arctic zone, Special Eurasia*. Available at: https://www.specialeurasia.com/2022/05/23/china-polar-silk-road-arctic/ (Accessed: 14 April 2023).

USGS 2008. *Circum-Arctic Resource Appraisal: Estimates of Undiscovered Oil and Gas North of the Arctic Circle*. Fact Sheet 3049. U.S. Geographical Survey. Available at: https://pubs.usgs.gov/fs/2008/3049/fs2008-3049.pdf (Accessed: 30 March 2023).

WWF 2023. *Governance, WWF Arctic*. Available at: https://www.arcticwwf.org/our-priorities/governance/ (Accessed: 27 April 2023).

颜玫莉 (Maïlys Etienne) 是伦敦政治经济学院国际关系和汉语专业的本科四年级学生，目前在复旦大学留学。她在法国出生和长大，在外交和国防政治领域拥有一年多的工作经验。她的研究兴趣包括中国对外政策，有争议的海域和战略叙事。

[参考英文]

A Dragon in the Land of the Midnight Sun – Explaining China's Arctic Ambitions[1]

Maïlys Etienne

In recent years, the Arctic has become a focal point for complex challenges such as resource exploitation, nuclear deterrence, and climate change, all within a fragmented governance architecture. With the prospect of an ice-free Arctic, there is increasing interest in globalizing its governance. This summary explores China's strategic interest in the Arctic and its policy towards this region, highlighting the broader implications for Chinese foreign policy.

Introduction

China has declared itself a "Near-Arctic State" and a significant stakeholder in Arctic affairs, as stated in its 2018 Arctic Policy White Paper. This proclamation has elicited strong reactions from geopolitical rivals such as the United States. Since the release of the white paper, China has consistently used the term "Arctic stakeholder" to describe its involvement in the region, which has been viewed with caution by Western powers.

Strategic Importance of the Arctic

1. Scientific Research: The Arctic is crucial for understanding climate change due to its unique climate and geomagnetic characteristics. Events in the Arctic can have global repercussions, influencing weather patterns and potentially releasing ancient viruses from melting ice, posing new pandemic risks .
2. Natural Resources: The Arctic holds vast reserves of natural resources. A 2008 study estimated that the region contains 29% of the world's undiscovered natural gas and 10% of its oil reserves, along with significant deposits of minerals like iron ore, uranium, copper, and rare earth metals. These resources are increasingly attractive as global supplies dwindle .
3. Trade Routes: Climate change is making Arctic ports and new maritime routes more accessible, including the Northern Sea Route, which offers a shorter and

---

[1] This is a summary of a paper from the Chinese Level 4 (LN240, 2022-2023) course at the London School of Economics and Political Science. All translations of English quotations were done by the author. The supervising instructor is Dr. Shili Jing.

cheaper alternative to traditional shipping lanes. This reduces fuel consumption and environmental impact .
4. Defense: The Arctic is strategically vital for deploying submarines and implementing nuclear deterrence, given its proximity to major world powers. China's interest in this area aligns with its broader military and geopolitical strategies .

China's Arctic Policy

China's political interest in the Arctic dates back to the late 1980s with the establishment of the Chinese Arctic and Antarctic Administration in 1989. Over the years, China has intensified its presence through scientific research and economic investments. Key milestones include joining the International Arctic Science Committee, conducting annual Arctic expeditions, and establishing the Yellow River Station in Norway's Svalbard archipelago .

1. Research and Environmental Interests: China's commitment to scientific research in the Arctic is evident from its frequent expeditions and the construction of research stations. The 2018 Arctic White Paper emphasizes deepening exploration and understanding of the Arctic, driven by concerns over climate change's impact on China .
2. Economic and Trade Interests: China's Arctic policy includes significant economic investments in the region. Chinese state-owned enterprises have invested heavily in Greenland's mining sector, Iceland's oil exploration projects, and Finland's biofuel initiatives. The development of the "Polar Silk Road" under the Belt and Road Initiative further underscores China's economic ambitions .
3. Geopolitical and Defense Interests: China is developing dual-use technologies that can serve both civilian and military purposes in the Arctic. This includes purchasing airports in Greenland, establishing satellite receiving stations in Sweden, and collaborating on underwater communication cables with Finland. These activities enhance China's surveillance capabilities and strategic posture in the region .

Conclusion

China's involvement in the Arctic exemplifies its ability to blend economic opportunism with a broader great power strategy. While the Arctic holds significant material value, China's Arctic policy is also driven by the desire to enhance its international prestige and geopolitical influence. Future research should explore how Arctic nations perceive China's growing role and how this dynamic influences global geopolitical tensions .

在中国吃素：为什么纯素食运动在中国越来越受欢迎？[1]

嫣然 (Chiara Maligno)

摘要：近年来，纯素运动在世界各地兴起。在中国，对纯素食主义的态度也在发生变化。有报告显示：到 2023 年，中国的纯素食品市场估计价值将近 120 亿美元。本文就此回答以下两个问题："为什么在中国越来越多的人选择吃素？"以及"在中国吃素有多难？"。文章将首先厘清跟"纯素食主义"相关的一系列中文词语，概述当前中国的纯素食状况，并分析中国人向植物性饮食转变的原因，最后评估在当今的中国做纯素食主义者的困难程度。笔者研究发现，中国人出于多种原因转向植物性饮食，其具体原因包括：佛教信仰、健康饮食的愿望，以及对动物生存、环境和食品安全的担忧。总体而言，尽管在中国吃纯素的难易程度因人而异，取决于他们的地域和其他因素随着纯素运动越来越受欢迎，食素变得越来越方便，自然越来越多的人会选择素食。

引言

近年来，纯素运动在世界各地兴起。在中国，对纯素食主义的态度也在发生变化。尽管自 80 年代以来肉类消费量一直在增加，但植物性产品的趋势正在迅速上升。根据一份报告 (Gentlemen Marketing Agency, 2022)

---

[1] 本文是作者嫣然 (Chiara Maligno) 在伦敦政治经济学院中文四级 (LN240，2022–2023) 课程中的论文，经过缩减和修改。所有英文引用的翻译均由作者完成。指导老师为施黎静博士。

通讯作者：嫣然 (Chiara Maligno), The London School of Economics and Political Science.
邮箱：c.m.maligno@lse.ac.uk.

显示，到2023年，中国的纯素食品市场估计价值将近120亿美元。这就提出了一个问题：为什么纯素食运动逐渐在中国流行了起来？

正文

1. 定义"纯素食主义(veganism)"

英国素食协会(The Vegan Society)把"纯素食主义(veganism)"定义为："一种哲学和生活方式，力求在可能和可行的范围内，排除一切形式对动物的剥削和虐待，以获取食物、服饰，或用于任何需求之目的，并推而广之、促进发展，为动物、人类和环境的利益而使用不含动物的替代品。在饮食方面，纯素食主义表示放弃所有或部分来自动物的产品的做法"(The Vegan Society)。因此，纯素食主义者避免所有用动物制成的食物、衣服或饰品。然而，英语中的"vegan"一词既用来形容那些素食主义者，也用来形容上述产品。

那怎么用中文如何称呼"纯素"食品？

在中国，你会在餐馆招牌、菜单、食品和素食组织的名称上看到，最常用的英语词是"vegetarian"或"vegan"，试图对应中文里的"素"或"素食"。然而"素"并不能完全清楚地区分"vegetarian"和"vegan"的不同含义。的确，在中文里，素食主义者都不吃肉，有些人还避免使用动物的皮、毛制品。但这个词也容易受到主观解释：有人可以将"素"来形容任何不含肉的食物，但也有人用"素"来形容完全不含动物的食物和产品，包括奶制品和鸡蛋（华蚺会，2022）。

还有其他哪些对应"vegan"的中文表达方式？

- "纯素"或"全素"

  与"素"不同，"纯素"和"全素"通常被理解为排除所有动物性产品，包括乳制品、鸡蛋、明胶等，甚至被用来区分非食品类的纯素产品，例如，服饰和化妆品等。

- "纯净素"

  这是一个跟佛家有关的词语。专注于培养正念、避免杀生和伤害众生，佛教纯素饮食比世俗纯素饮食有更大的限制，这不仅排除了所有动物产品，还排除了"五辛蔬菜"：大蒜、洋葱、小葱、韭菜和细香葱，因为这些气味浓烈的植物被认为会刺激欲望和攻击性。

- "维根"

  直接源于英文"vegan"的谐音,"维根"听起来似乎很直接,但外来词造成了严重的局限性。首先,外来词缺乏本土文化背景,大多数中国人并不理解该词;另外,有人甚至会将其视为文化帝国主义。

- "蔬菜"

  这是"素食"的世俗替代食品,植根于宗教信仰,但并不能区分"素"和"纯素"之间的差别。通常,你会在餐厅菜单和烹饪班上看到这个"蔬菜"这个词语,以迎合时尚的年轻顾客,避免使其联想传统保守的"食素"。

- "植物性饮食"

  最近才流行起来的新名称,它比"素"更直接客观,指的是纯素饮食背后的文化和教义,而非饮食本身的特点。然而,顾名思义,该术语仅限于食物选择,并不涉及纯素的生活方式。

  正如你所看到的,中文中有许多不同的词来描述同一现象。虽然它们都与素食主义的概念有关,但除了音译的"维根"之外,没有一个完全等同于英语词汇"vegan"。为了简单明了,笔者将在本文中主要使用"纯素"这个词。

2. 从素食者到纯素食者 —— 未来的趋势

报告 (GMA, 2022) 显示,5% 的中国人是素食主义者,而随着中国城市化程度的提高,这一趋势还会增长。此外,中国政府计划到 2030 年将肉类消费减半,以控制肥胖、预防疾病和减少碳排放。据统计,中国肉类行业每年向大气中排放的二氧化碳约为 1.5 亿吨,政府开始意识到该问题并着手解决 (GMA, 2022)。

预计到 2023 年,中国的素食市场将达到 120 亿美元,相比 2018 年高出近 100 亿美元,为国际最快的增长速度,此举将是亚洲消费者习惯的巨大转变。虽然肉类被认为是中国人的主菜,但许多年轻一代愿意尝试植物性肉替代产品,并将其纳入日常饮食。此外,根据 Statista 2020 年的一项调查,85% 的受访者愿意在餐厅尝试植物性肉类菜肴 (GMA, 2022)。

随着纯素主义在中国成为新热点,越来越多的纯素组织在中国主要城市发起倡议,以吸引人们对这一话题的关注和兴趣。其中一项活动是"绿色星期一 (Green Monday)"倡议,以提高人们的意识并教育人们转向纯素饮食的好处。它最近进行的一项调查显示,70% 的香港居民愿意尝试弹性素食主义,每周至少有一天不吃肉 (Barón, 2023)。

3. 食素的原因

中国大规模城市化和经济增长见证了不断壮大的中产阶级，他们有能力选择不同食物。对于中国人来说，他们决定减少肉类消费主要是出于以下几个原因。

3.1 向更健康的生活方式转变

中国健康产业发布新的膳食指南，建议减少肉类消费的重要性。据《商业世界》报道，这一声明已经对社会产生了影响，因为猪、牛和家禽等肉类产品的销量正在下降，中国人越来越意识到食肉的不良影响，主要城市的年轻人正在减少每周的吃肉量（《商业世界》引用于 GMA, 2022）。

研究表明，长期大量吃肉的人更容易患高血压和肥胖症，而中国正面临着儿童肥胖的严重问题。世界卫生组织称，目前中国儿童患有糖尿病的人数有所增加，因此，父母开始在孩子的饮食中增加更多的水果和蔬菜，肉类往往会被豆腐和海藻等中国传统菜肴中的许多蔬菜及其他植物所替代 (GMA, 2022)。

2020 年"财经商业数据中心"的报告显示，中国人食用植物肉产品的 5 个主要原因是："低脂肪"、"零胆固醇"、"味道好"、"口感不油腻"及"更有营养"(Barón, 2023)。

3.2 佛教信仰

中国的佛教历史悠久。素食主义是佛教的一个重要信条，即围绕业报、保护生命和慈悲众生的思想 (Ly, 2021)。在中国，素食主义通常会与佛教联系在一起。

3.3 善待动物和道德原因

中国的动物权利团体相对活跃，他们长期以来一直艰苦地斗争着，并在许多方面取得了成功，包括阻止西班牙斗牛进入中国 (Ly, 2021)。活动者们还成功地改变了动物试验法并禁止销售狗肉 (Bale, 2021)。随着人们越来越了解肉类生产标准及肉类市场如何对待动物，越来越多的人决定转向植物性饮食。

3.4 环境问题

当世界面临严峻的气候变化问题时，人们开始意识它到与全球肉类生产相关的许多问题，比如，肉类生产行业对碳排放产生了的巨大影响。中国政府就畜牧业及其对环境的不良影响宣布了一项减少肉类消费的计划 (GMA, 2022)。

3.5 对食品安全问题的担忧

中国人非常重视食品安全问题。数年前，非洲猪流感、禽流感爆发，人们经历并见证了由于将大量动物聚集一起进行肉类的工业化生产，而导致人畜共患疾病的迅速传播。此外，"新冠疫情"加剧了人们对健康和食品安全的担忧 (Peters, 2022)。综上原因，人们对于在中国大规模采用西方式肉类生产方法持怀疑态度，因此，越来越多的中国人开始转向植物性食品 (Ly, 2021)。

4. 在中国食素很困难吗？

作为豆腐的发源地和世界上植物多样性最丰富的国家之一，素食传统跨越数千年，中国拥有丰富的纯素食材和食品。但在中国要想成为纯素食主义者并不容易。原因包括：来自社会和家庭的压力，"纯素"、"素食"和"无肉"之间的概念混淆，某些地区缺乏纯素餐厅，以及产品包装上缺乏纯素标签等。

随着素食运动越来越受欢迎，在中国食素变得越来越方便和自然，这也促使越来越多的人吃素。中国食素并不困难的原因如下。

4.1 中国大城市有很多素食餐厅

根据中国素食和素食餐厅定位应用程序 VegRadar 的数据，北京和上海在距市中心 10 公里范围内有超过 50 家素食餐厅，北京、广州、深圳和杭州还有数十家纯素食餐厅，提供不同的价位和菜系（华蚌会, 2022）。

4.2 典型的中餐以植物为主，很容易素食化

统计数据显示，中国人平均每年消费的肉类仅是美国人的一半 (Mappr, 2022)，但蔬菜消费量则是美国人的三倍 (Our World in Data, 2022)。大多数地区的日常食物包括炒菜、米饭和面条，还有很多蔬菜可供选择。

4.3 便宜和多样化的蔬菜水果

中国是世界上生物多样性最丰富的国家之一，气候和生态条件多种多样，适合种植从热带水果到耐寒谷物的各种作物。几乎所有你能想到的水果或蔬菜都可以在中国种植和购买，且价格远低于在欧美，这降低了中国素食主义者的生活成本（华蚌会, 2022）。

4.4 乳制品

中国食品不依赖大量的乳制品。虽然在过去三十年里，乳制品在中国受到欢迎，但传统的中国菜往往很少或根本不使用乳制品，即使是传统的甜点也常常以谷物为基础。

4.5 以植物为基础的产业不断发展

考虑到目前中国可用的替代肉类产品激增，转向纯素饮食的中国人数量的增长也不令人意外。虽然植物性乳制品和肉类替代品在中国的货架上没有欧美那么多，但该市场在过去五年中在中国发展迅速，每天都有新品牌和新产品出现。

肉类替代品并不都是现代发明，有的食物在中国已有几千年的历史。例如，豆腐起源于2000多年前的西汉时期，自那时起，经过不断地改进和改良，豆腐的形式和口味已多得数不胜数，从干豆腐到布丁般柔软的豆腐甜点（华鉽会，2022）。中国发明的另一种肉类替代品是面筋，由于质地与真肉非常相似，它在中国被昵称为"小麦肉"，面筋不仅在中国菜中极为流行，也在世界各地广泛使用。

当今，中国有许多不为西方人所知的植物性公司。比如，"全美食品"是1993年成立于深圳的植物性公司，上海的"植物家"是一家向中国消费者提供纯素牛肉和其他植物性肉类仿制品的公司。目前，这些公司还推出了以植物为基础的鱼类仿制品，而"珍肉"等公司正在试验纯素的中国传统炒菜和饺子。以植物为基础的中国公司还有'LiveKindly Collective'、"株肉"、"齐善食品"以及'Plant Professor'。此外，星巴克、肯德基、麦当劳、中国第三大快餐公司德克可等食品市场巨头都在扩大纯素餐食，在汉堡中引入纯素鸡块或超越肉类 (GMA, 2022; Peters, 2022)。

结论

虽然1944年由英国素食协会 (The Vegan Society) 创立的西方纯素食主义概念直到21世纪末才传入中国，但实际上，纯素食主义在中国已经流行了几个世纪。在当今中国，传统的佛教素食文化正与新兴的世俗素食文化一起蓬勃发展。可持续农业、善待动物观念、食品安全和健康营养等话题都被提上日程，这些正促使新的世俗纯素食运动的快速发展。与此同时，最近传承中国传统文化的社会趋势也将素食主义视为一种宗教义务——并非源自西方框架和研究的社会和经济解决方案，而是作为中国传统文化遗产的一部分，这值得赞赏和保持。

参考书目

Bale, R. 2021. *Chinese youth embrace new attitudes toward pets and wildlife, National Geographic.* Available at: https://www.nationalgeographic.com/animals/article/wild-life-watch-china-changing-animal-protection (Accessed: April 14, 2023).

Barón, E.F. 2023. *China: The New Land of Vopportunities, Vegan the World Consulting*. Available at: https://vegantheworldconsulting.com/china–the–new–land–of–vopportunities/ (Accessed: April 13, 2023).

China Vegan Society [华舜会] 2022. *How do you say "vegan" in Chinese?* Available at: https://www.chinavegans.org/news/how–do–you–say–vegan–in–chinese (Accessed: April 15, 2023).

Gentlemen Marketing Agency. 2022. *Vegan Movement: Big Appetite for Veganism in China*. Available at: https://marketingtochina.com/vegan–movement–china–big–appetite–veganism/ (Accessed: April 13, 2023).

Kirby, M. 2021. *Veganism in Ancient China, Hotpot Spot*. Available at: https://www.hotpotspot.co.uk/post/veganism–in–ancient–china (Accessed: April 14, 2023).

Ly, A. 2021. *What You Know About Veganism and China is Wrong, Best of Vegan*. Available at: https://bestofvegan.com/what–you–know–about–veganism–and–china–is–wrong/ (Accessed: April 14, 2023).

Mappr 2022. *Meat Consumption by Countries*. Available at: https://www.mappr.co/thematic–maps/meat–consumption–by–countries/ (Accessed: April 14, 2023).

Our World in Data. 2022. *Vegetable consumption per capita*. Available at: https://ourworldindata.org/grapher/vegetable–consumption–per–capita?country=~CHN (Accessed: April 14, 2023).

Peters, R. 2022. *Veganism Statistics China 2022 - How Many Vegans Are There In China?, Truly Experiences*. Available at: https://trulyexperiences.com/blog/veganism–statistics–china/ (Accessed: April 14, 2023).

The Vegan Society. no date. *Definition of veganism*. Available at: https://www.vegansociety.com/go–vegan/definition–veganism (Accessed: April 14, 2023).

The Vegan Society. no date. *History*. Available at: https://www.vegansociety.com/about–us/history (Accessed: April 13, 2023).

Wunsch, N.–G. 2020. *Plant-based meat consumption in China in 2018, by age group, Statista*. Available at: https://www.statista.com/statistics/1093069/plant–based–meat–consumption–in–china/ (Accessed: April 13, 2023).

嫣然 (Chiara Maligno) 是伦敦政治经济学院语言、文化与社会专业的本科生。她目前正在中国上海复旦大学留学一年。她出生于一个多元文化家庭，在中国、意大利、法国和英国长大。

[参考英文]

The Rising Popularity of Veganism in China[1]

Chiara Maligno

Introduction

The vegan movement has gained significant momentum worldwide in recent years, including in China. Though meat consumption has been increasing since the 1980s, plant-based products are now rapidly gaining popularity. Indeed, China's vegan food market was estimated to be worth nearly $12 billion by 2023. This article explores why more and more people are turning towards veganism in China, and how difficult it is to be vegan there.

Defining Veganism in China

The Vegan Society defines veganism as a philosophy and way of living that excludes all forms of animal exploitation and promotes animal-free alternatives. Various terms describe veganism in Chinese, such as "素" (su) or "素食" (sushi), but these do not differentiate between the practice of not eating meat and the practice of avoiding all animal products. Other terms include "纯素" (chunsu), "全素" (quansu), and "植物性饮食" (plant-based diet). There is also the phonetic "维根" (weigen), which lacks cultural context and is sometimes viewed as cultural imperialism.

Trends and Future of Veganism in China

Reports indicate that 5% of the Chinese population are vegetarian, and this trend is expected to grow with increasing urbanization. The government aims to halve meat consumption by 2030 in order to tackle obesity, prevent other health diseases, and reduce carbon emissions. China's vegan market was projected to reach $12 billion by 2023. Younger generations are increasingly willing to try plant-based meat alternatives. Initiatives such as "Green Monday" promote awareness and encourage people to adopt a plant-based diet.

---

[1] This is a summary of a paper from the Chinese Level 4 (LN240, 2022-2023) course at the London School of Economics and Political Science. All translations of English quotations were done by the author. The supervising instructor is Dr Shili Jing.

Reasons for Adopting Veganism

1. Health: New dietary guidelines emphasize reducing meat consumption due to its health risks, such as hypertension and obesity. The World Health Organization notes rising diabetes rates among Chinese children, prompting parents to include more fruits and vegetables into their diets.
2. Buddhism: Vegetarianism is a significant tenet of Buddhism and is rooted in ideas surrounding Karmic retribution, protection of life, and compassion for all living beings.
3. Animal Welfare: Awareness of meat production standards and animal welfare issues is driving more people towards plant-based diets.
4. Environmental Concerns: Meat production significantly impacts carbon emissions. The government has plans to reduce meat consumption in order to mitigate environmental harm.
5. Food Safety: Concerns over food safety, exacerbated by past disease outbreaks and the COVID-19 pandemic, have led to skepticism around large-scale meat production methods and a shift towards plant-based foods.

Challenges and Ease of Being Vegan in China

Being vegan in China can be challenging due to social pressures, confusion between 'vegan,' 'vegetarian,' and 'meatless,' and a lack of vegan restaurants and clear labeling. Nevertheless, following a plant-based diet is becoming easier due to the following reasons:

1. Vegan Restaurants: Major cities like Beijing and Shanghai have many vegan restaurants.
2. Plant-Based Cuisine: Traditional Chinese cuisine includes many plant-based dishes.
3. Affordable Produce: China's biodiversity ensures a wide variety of affordable fruits and vegetables.
4. Minimal Dairy: Traditional Chinese cuisine uses little to no dairy.
5. Growing Industry: The surge in plant-based alternatives makes it easier to switch to vegan diets. Companies like 'Whole Perfect Food' and 'Zhenmeat' are developing innovative products, while global giants such as Starbucks, KFC, and McDonald's are expanding their selection of vegan options in restaurants.

Conclusion

Although the Western concept of veganism was introduced to China only recently, variations of vegetarianism have been widely practised in China for centuries. In modern China, the traditional Buddhist vegetarian culture continues to thrive alongside a newly emerging secular vegan culture. The increasing urgency of topics like sustainable agriculture, animal welfare, food security and healthy nutrition are fuelling the growth of this movement. Lastly, vegetarianism can be thought of as part of traditional Chinese cultural heritage which deserves to be appreciated and preserved..

翻译

功能理论和社会科学文本的翻译

冯东宁

引言：社科翻译的社会作用

本文探讨的译稿原文是伦敦政经学院荣休教授王斯福 (Stephan Feuchtwang) 先生的文章——《学以致用：费孝通教授的人类学使命及埃德蒙·利奇的科研游戏》(A Practical Minded Person: Fei Xiaotong's Anthropological Calling and Edmund Leach's Game)。原文论点复杂、思想活跃、专业性强，加之个性化的笔调，给翻译带来了极大的难度。其难点主要体现在三个方面：术语概念、句法结构和内涵的表达。当这三方面在中文没有对应或约定俗成的表达法时，根据翻译目的论而构建的翻译策略和技巧的应用就显得格外重要。社科文本翻译在中国近代史的发展中起到了决定性的推动作用，其重要性是不言而喻的。而王斯福教授在本文中对文化翻译又有一番别有见地的论述，他说：

> 的确，想专门从事文化翻译的学者为数甚少，因此，要求他们全面掌握人类学研究的概念和系统是不现实的。希望每个人都能成为一个人类学家是荒谬的，但是任何人都有可能成为人类学家，任何语言都有可能为人类学学科所用，给我们的学科带来"震动"。因此，理想的状态是，我们应该向这种"震动"开放我们的作品……

其原文是：

> It is true that few people want to be or are driven to engage in cultural translation as a profession. It is therefore wrong to expect them to have developed the concepts and generalisations which result from this activity.

通讯作者：冯东宁 (Dongning Feng)，旅英社会语言学家，翻译学家，
邮箱：dongning.feng@durham.ac.uk

It is foolish to expect everyone to be an anthropologist. But it is possible for anyone to be an anthropologist and it should be possible for any language to be disturbed into anthropological usage. So we should, ideally, leave ourselves and our writings open to such disturbance.

这不仅说明了社科翻译的难度，同时精辟的指出了翻译不仅仅是传播知识，而且在语言的转换过程中，对研究的主体以及客体都可能带来"震动"，这种"震动"是社会发展和进步的催化剂和动力，关于这个问题我希望能有机会择文另述。

一. 功能翻译理论和社科翻译

很多读者都会有这样的体会，他们发现很多社科方面的译文要么十分晦涩，要么看似简单却不知所云。一些由再通常不过的词汇组成的句子似乎很难抓住其确切的意思，这在很大程度上同翻译原则和翻译方法论的实际运用有很大的关系。一些早期的社科译者似乎着重于对原文的忠实，也就是强调译文与原文的对等。但是，他们对对等原则的理解似乎过于简单化和绝对化，缺乏对语言和语法差异的考量，同时对翻译的目的性也疏于考虑。当然，翻译的体裁论 (text typology) 和翻译的目的论 (skopostheorie) 也只是上个世纪八十年代前后才被提出来，并在翻译实践中加以应用的，所以我们不应该责怪我们翻译界的前辈。但是这些新的翻译理论的确给我们现今的翻译工作注入了新的能量，我们在这里不妨借用这两个理论来分析一下本译稿的难句翻译。

功能理论中的体裁论告诉我们社科学术体裁大体上属于信息性体裁，而信息性体裁的翻译应该使用逻辑性强的语言，重点应该放在文章内容的传递；而译文应该表述全面的所指的概念和内容。要达到以上所说的目的，翻译的方法就应该是使用透明、简洁且明了的文体，如果有需要可以使用说明和诠释的策略。

二. 词义的延伸和扩展

略通英语的学者、社科学生及双语学者不难看出原文中的难句似乎比比皆是，真有些无从下手的感觉。我们不妨先看看该文题目的翻译：

原文：A Practical Minded Person: Professor Fei's Anthropological Calling and Edmund Leach's Game

译文：学以致用：费孝通教授的人类学使命及埃德蒙·利奇的科研游戏

首先，在用词上，题目中的 calling 和 game 这两个用词的翻译颇引人注意。Calling 一词的意义是"a strong urge towards a particular way of life or career; a vocation"，也就是我们中文中说的欲望或感召，但感召出现在题目中似乎有些玄奥的色彩，于是译者把它引申为使命或使命感，这用来形容费孝通教授有学者的担当及历史的责任感是非常恰当的，同时把原文的内涵表达的十分透彻。而 game 一词可以按字面译为"游戏"，也可按其所指的意义译为"研究"，似乎都无可非议；但是游戏一词在中文中未免过于否定，有点玩票的味道，这与原文的 game 的意义是有些出入的，简单译为"研究"又没有反映出原文中王斯福教授把二者研究目的作比较的中心思想。因此在"游戏"前加上"科研"，既承认了利奇的研究，又道出了他与费孝通教授治学方法和目的的不同。在此我们看到词义的延伸和适当的加词，可以将原意表达得更加清晰，这也符合功能理论的宗旨。另外题目中的"A practically minded person"很难说是不是"学以致用"的英译，但是回译为"学以致用"是考虑到了中文的表达习惯而且又反映了费孝通教授治学的信念。试想一下，如果把这一词译为"一个讲究实际的人"或是"一个重视实效的人"这就是对原文的忠实吗？译为"学以致用"一方面符合语篇上的对等原则，而且又达到了原文的目的。

三. 社科翻译中上下文的考量

我们再来看看下一个例子：

原文：Freedman's view of the lessons which the anthropological study of China can teach will be an addition to my dialogue with Professor Fei.

译文：弗里德曼有关中国人类学研究给我们的启示的论述也是我和费教授之间要进行的学术对话。

原文中的英文词组"teach lessons"当然可以译为"给我们提供经验教训"，但结合上下文，翻译为"给我们启示"可能更为贴切。还有"dialogue with someone"在学术文本中也可大体上译为中文的"商榷"，但是"商榷"一词在中文中是一个负载词 (loaded word)，也就是说是一个富于内涵的词汇，暗含对对方的批评之意。因此使用"对话"或"学术对话"更加具有建设性和开放性。所以翻译时,应该考虑翻译的上下文以及目的性,有时一个看似简单的惯用语和套语并不能准确地表达原文的意思。

四. 难句的重组

本文开始时,我们提到,功能翻译理论的文本划分和翻译原则,这里我们看一下难句的重组:

原文:From Malinowski onward, from the establishing of social anthropology as an academic profession in the 1920s, anthropologists in England have been more removed from government than is anthropology in China. But I think these differences are only relative differences, differences of priority. We share a calling to a critical, empirical discipline which is based on the study of others, respectful and curious about our differences.

译文:从马林诺夫斯基开始,从20世纪20年代社会人类学作为一门科研学科起,在英国,人类学学科与政治和政府已是相形渐远,但在中国这一学科却没有脱离政治。但我认为这些差异只是相对差异,着重点的不同。我们有着共同的使命:在对他者进行研究时,以求知和尊重他人的心态看待彼此的不同,以将人类学发展成一门具有批判精神的实验学科。

我们可以看到此处的"anthropologists in England have been more removed from government than is anthropology in China"一句拆为两句;例如:"在英国,人类学学科与政治和政府已是相形渐远,但在中国这一学科却没有完全脱离政治"。这当然是为了便于理解,而又强调了两个地方的差异,这比译成一个比较句型更清晰、更符合中文的表达习惯。而最后一句的重组不但表达了原句的逻辑,亦使原文更易理解,这显然与理解翻译的目的和读者的需要分不开。我们还可以从上面的例子中的最后一句的译文中看到这一翻译策略的应用:"我们有着共同的使命:在对他者进行研究时,以求知和尊重他人的心态看待彼此的不同,以将人类学发展成一门具有批判精神的实验学科"。原文的逻辑性在译文中得以还原。试想一下,如果翻译没有一个特定的目的性的话,其结果会是什么样呢?另外,此处将"curious"引申为"求知"也比译成"好奇"更能传达原文的含义,为读者所理解；"好奇"在中文中多少有些猎奇的含义，不适于应用在中文学术文体中。

我们再来看一个例子：

原文：It is a pretence of not being involved in the ideologies, governments, and common senses which make up the realities it criticises.

译文：如果批评不触及意识形态、政府及社会常识等这些现实是一种矫饰的行为……

这个例子与上面一个略有不同。为了使句子或段落明了易懂，句子段落的重组不仅是将原文的句子化解拆散，同样也可以是将原文的复杂句精简组合。上面的译文把原文中从句套从句的句子化简为一个简单明了的中文句子，同时又不损失其信息量，是翻译社科文本的有效方法。

从以上例子我们可以看到，在翻译较为复杂的社科文本时，重点应该放在对原文目的的理解，对体裁的认知上，如果有需要可以使用文内或文外的说明和诠释的策略，这样才能使译文到达其初始的目的。最后，我想借用王斯福教授的观念来结束本译评，翻译不但可以给对象学科带来"震动"，同样也可以给我们的思维方式带来"震动"，从而丰富我们的创造性思维。

参考文献

Nord, C. 1997. *Translating as a Purposeful Activity: Functionalist Approaches Explained*. Manchester: St. Jerome.

Reiss, K & Vermeer H. J. 1984. *Towards a General Theory of Translational Action*, Manchester: St. Jerome Publishing.

Vermeer, Hans J. 1996. *A Skopos Theory of Translation: Some Arguments for and against*. Heidelberg: TEXTconTEXT–Verlag.

冯东宁博士(Dongning Feng)，旅英社会语言学家，翻译学家。曾任英国伦敦大学亚非学院语言及文化学部高级讲师，亚非学院翻译研究中心主任，先后在中国、日本和英国从事语言、社会科学、翻译学等学科的教学二十余年，并曾任教于英国多所大学。他主要研究领域包括文学理论与翻译理论，翻译社会学、批判话语分析与翻译及翻译文化学。他发表的作品包括政治文本翻译和专著 *Literature as Political Philosophy in Contemporary China*（《论当代中国文学的政治哲学性》2002年）。

[参考文献]

学以致用：费孝通的人类学追求与利奇和弗里德曼的研究[1]

王斯福

摘要： 本文是在著名人类学家费孝通和埃德蒙·利奇两位教授的对话基础上的一个延续。它把他们作为人类学家的两种追求或职业的感觉置于历史背景中加以比较。还把作为中国社会研究专家的英国人类学家莫里斯·弗里德曼补充进来。该文赞扬了费孝通的爱国的和批判的人类学，称道利奇的批判和承诺的人类学，使人类学从功能主义的局限性中释放出来，称赞弗里德曼的超越功能主义进入历史领域的宗族合作的概念批判性的延伸。基于费孝通的研究，该文批评了许多人类学的为纯学术读者群写作的狭隘雄，认为最好的人类学是一种独立的和开放的批判性的职业。

关键词： 费孝通，利奇，弗里德曼，爱国人类学，人类学追求

在费孝通教授80岁生日之际，他结合自己的经历，从中国人类学家的视角将他和伦敦著名的人类学家埃德蒙·利奇的研究做了对比，并写下了这段话：

> 埃德蒙·利奇"是个雄辩出众的青年。他那种直爽、明快、尖锐的词锋给我留下了难忘的印象。""我知道，像我这种务实的人对他提出的问题所作出的答复是不容易说服他的。但是我认真的想一想，我

---

[1] 本文首先发表于1996年在江苏省吴江县开弦弓村召开的费孝通教授田野调查60周年的庆祝大会。后来收入马戎、周星、潘乃谷和王铭铭主编的《田野工作与文化自觉》，北京：群言出版社，1998年版第1141-1166页。本文英文发表在 *Journal of China in Global and Comparative Perspectives*, Vol.1, 2015。中文发表在《全球中国比较研究》2018年第1期。在本刊发表之前作者稍加修订，标题为编辑略改。本文由全球中国学术院研究人员、兰州文理学院英语系苟丽梅副教授翻译；英国伦敦大学亚非学院语言及文化学部翻译研究所主任、高级讲师冯东宁博士校对。本期发表的"社科汉语"的翻译部分的文章以此文为例对其英译汉问题作了分析。

通讯作者：王斯福 (Stephan Feuchtwang), London School of Economics and Political Science, UK, 邮箱：s.feuchtwang@lse.ac.uk

> 这种在看来也许是过于天真庸俗的性格并不是偶然产生的,也不是我个人的特点,或是产生于私人经验的偏见,其中不可能不存在中国知识分子的传统烙印。随手我可举出两条一是'天下兴亡,匹夫有责',二是'学以致用'。这两条很可以总结我自己为学的根本态度。"(费孝通,1990/1992)

本段话表述了费教授作为人类学家的感召和使命感,这是科学的感召,也是中国知识分子勇于担当责任的传统的感召。

当我读到这段话时能感受到话中包含着的诸多深意,自己仿佛被来自不同方向的力量推着向前走。在我求学过程中,埃德蒙·利奇的观点给我很多启发,尤其值得一提的是1959年经他整理首次出版了马林诺夫斯讲稿,他将其命名为《重新思考人类学》,我觉得我必须谈谈他的人类学研究。然而,多年来我一直致力于研究中国社会,费教授的著作是绕不开的经典;近年来,我也参与了中国同事兼研究员常向群发起的开玄弓村研究,非常感谢她的慷慨分享。

作为一个研究中国农村社会的学者,费教授对实际问题的关注和他身上展现出的中国学者的特质吸引着我。我不是中国公民,也不是中国居民,我跟中国的渊源始于专业兴趣和个人友谊,身处中国之外的我继承了利奇人类学传统的衣钵。

在费教授的反思中,他将自己和利奇区分成不同类型的人类学家,他是中国的人类学家。作为一名研究中国的学者,再加上社会学领域中国同事的帮助,我觉得有义务进一步深化费教授已开启的他和埃德蒙·利奇之间的学术对话。在一篇会议论文中(先前发表的题目为"重读《江村经济·序言》",《北大学报》,1996: 4, pp4–18),费教授再次提到利奇,还提到我的导师莫里斯·弗里德曼于1962年发表的关于纪念马林诺斯基演讲,这距利奇的首篇纪念演讲仅三年。弗里德曼有关中国人类学研究给我们的启示的论述也是我和费教授之间要进行的学术对话。

在促进英国和中国人类学者对话过程中,我感觉自己处于一个时空交错、历史迥异的十字路口。费教授有他的个人经历,作为中国人的民族身份特征,他所经历的历史动荡,生活的大起大落,即便是算上二次世界大战也要比英国人所经历的痛苦和不安时间更长,程度更烈,而其中感受的希望和绝望也远胜于英国人。他始终想用人类学去改变和影响社会的变革,并防止社会变革带来的破坏性,尽管他充分认识到,这在很大程度上是很难预测的。

爱国的事业

利奇和弗里德曼经历过二次世界大战，但从职业生涯定位，他们是人类学家，而非致力于推动本国和本族人民发展的政治家。

利奇擅长于从个案研究中通过数学模式和富有想象力的归纳法从而得出普遍原理，他反对对比分类法。费教授偏向于分类法，因其便于找到适合中国国情的实际政策。模式—分类的动态升级，是费教授将小规模研究扩大到复杂的整个当代中国社会的研究方法。费教授的公众和自我界定的历史是现代中国史，社会学和社会人类学为此提供了研究方法。而利奇教授的公众和自我界定的历史是人类学历史，是用人类学研究方法的对象。这样，我们不仅有不同的历史步伐——快速的中国和缓慢的英国，有着不同的战争创伤，我们还有不同的历史主体 – 中国本土及外来的人类学，以及英国本土的人类学。

对于利奇，人类学的使命是揭露和质疑种族优越感。在《重新思考人类学》和《社会人类学》中一篇题为"我的人类学"'的文章中 (1982)，利奇提倡通过深入的地方研究推导出适用于任何人类社会研究的普遍规律。作为人类学家，他毕生致力于培养人的质疑能力，验证人类学家提出的以及应用于研究中的各类假设。

作为一名爱国务实的人类学家，费教授面临的问题完全不同。他认为利奇追求的普世化是在一个学术研究安全有保障的富裕国家从事一件有别于实际研究的一种游戏，是非常奢侈的："一个智力游戏，炫耀自己的才华"（费 1992: 13）。费教授是一位爱国的人类学家。我所指的爱国不是民族主义，而是科研动机和职业追求是为本国人民谋福利。但是，这并不排斥从更宽泛、人文和比较的视域来看待人类学，"我相信，我们研究人的人有责任培养宽容精神"（费 1992: 20），这也和科学伦理不相悖：调查、实证、辩论。

费教授曾受到二十多年的和迫害 (1957–1980)，在此期间被禁止写作，这使他成了一个"无国籍的社会学学者（当然这只是在社会学的意义上）"(Current Anthropology《当代人类学》29: 4 1988: 654)。他被降格、同时也被提升到一个"无所管的人文领域"。但对他来说，尽管在逆境中，这仍然是一个历史性的人文阶段，一个动态的人文阶段，一个发展的对自然的自我意识的人文阶段。不像上个世纪初 的人类学家，那时几乎没有多少西方人类学家的人文思想是如此具有广阔的视野和历史性。这种乐观主义态度随着当下相互依存的环境理念下已不复存在，我们西方发达国家的学术界对发展方向疑虑重重。

在对美国人类学家帕斯特奈克和费教授的采访中，费教授常常使用"我们"指代自己和中国人民，把他个人历史和中国的历史结合起来。而对西方学者来说，"我们"则常用来指代本国的学术界，而非本国人民。

一方是以推动国家发展为使命，另一方是以学术质疑及批判评论为使命。双方都以实证调查为基础，发现分析阐释概念，用于分析问题，发现问题，但双方的主要科研目的则是不尽相同。

充满爱国情怀的人类学家，通过研习局部地区历史、文化、经济和社会生活的方方面面，用田野作业法以发现整个民族的共性。地方的历史学家和民俗学家整理出版地方志存于当地文档馆，政治家们常用这些文献来构建民族身份认同，费教授关于少数民族研究也是出于此目的，但从费教授从事的发展模式长期项目研究总体而言 (1996: p.9)，其他项目完全不同。该项目极具活力，和遭到利奇批判的结构功能派的静态类型研究完全不同，该派试图成为社会及文化的自然历史学家。在这一点上，它与政府出于统治的需要对国民加以分类已有很大的不同。其人类学的标签仍然是局部的，小规模的研究，但是另一位中国革命家不也正是这样做的吗？而这一蹲点调查观察变化的方法现已成为政府工作的传统，而就此得出的模式不是可以在其他地方推广开来吗？在任何情况下，人类学家所做的这方面工作可以被视为平台建构，通过这个平台，可以了解各个地区的情况，当地的传统和创新，可以传播或影响国家政策，可以展示各项政策的执行情况，是否有误以及如何采取新的举措。

但我想强调该项工作的另一面，其价值同样重要。人类学家的科研有助于不同地区人民相互了解。就此而言，人类学家的调研等同于民意调查。它构建了民族向心力、展现了民族发展裂变、民族间的冲突以及民族演变等诸多要素。自然，民族的界定和民族融合统一也应当然纳入研究课题，其它设想在政治上是十分危险的。人类学家、政府官员以及社会问卷测试员们进行调查的区别主要在于社会学家以当地状况为大背景呈现事实，能以本地人的视角来解读当地民众。人类学家的调研不仅从更开阔的视域展现了某种境况下的若干事实，而且也凸显了当地民众的社会创造力。此外，作为科研报告，必然会从专业的视角对材料的效度和信度进行批判性的评断。作为业内行家，田野调查报告应经得起事实测试员及分析员的检验，其事实陈述应经得起被当作谬误的挑战。当调查结果发表后，调查对象可以阅读调查结果，这就是成了一个民族对自己的表述。本土的人类学拥有充满这一独特活力的维度，而非本土的国际学者则缺少这一维度。如果我对中国乡村和城市的分析翻译成中文亦可具有这一活力的维度，但是我本人则是远离中国的，因为我生活在另一个国度里。所以我的研究是仅限于学术的范畴，而不是一个有爱国情结的事业。而对于费教授而言，这不仅是一个学术生涯，同时也是一个爱国的事业。

敬业的生涯

对利奇而言，分类的弊端带有民族中心主义倾向，将未验证的假定至于约定俗成的分类框架之下。费教授指出在《重新思考人类学》(1982)这本书中，利奇阐述了人类学家研究本族社会的困难之所在：如很容易把未经验证的假设写入事实报告，很容易把个案作为本民族独有的特例来研究，从而得出普适性的结论。同时，利奇赞扬费教授能克服这两种倾向，赞扬他在爱国主义情怀高涨时对本民族的研究仍能保持职业人类学家的专业精神。这种爱国情怀（用我的话来说）就是采取措施改善他所研究对象（的生活），至少是探索引发他们变化的若干因素。

利奇的两位学生说，利奇把从马利诺夫斯基处所学的人类学的两种观点传授给了他们。其一是行动并不一定受文化规则的严格限制，统计标准或许与理想标准有所不同；个体可能做出利己的选择。其二是人类学在揭示了差异性的同时又呈现出一定的相似性，在展现出相似性的同时又体现了差异性（富勒、帕里 1989: 12）。

受第一种观念的影响，利奇比其他结构主义人类学家，如他剑桥大学的同事迈耶·福忒斯更乐于探讨社会变化和社会行为。"福忒斯研究聚焦于地方血缘宗族的范式，利奇坚持认为地方组织和财产所有权具有压倒一切的意义……而亲属关系仅仅是谈到财产关系的一个惯用语。……即使在血缘基础上发展起来的非洲社会，"血统范式"只是一个扭曲的透镜，它严重地低估了地方经济合作和矛盾冲突的存在"（富勒、帕里 1989: 12）。

同样，在《缅甸高地的政治制度》一书中，谈论政治关系时，利奇引入部落归属这一概念。同一种族，这代人可能会说他们是一个部落，下代人或许会认为他们是另一个部落。随着部落间关系紧张，克钦政治制度和礼仪会发生改变，受追逐权力者操纵，克钦政治制度会在平等无政府主义社会和阶层等级分明的社会间不停摇摆变换。利奇教导他的学生要细致区分不同种族人民生活中模糊的差异和矛盾，并避免文化过度一致。

他一度仿照数学模式来解读结构，他所用的方法即不是归纳学的统计方法；也不是代数中的函数方程，而是数学中的相关性，并进一步从功能主义需求视角进行阐释。他如此论点从根本上背离了马林诺夫斯基和其他英国结构主义关于社会制度的观点。利奇利用拓扑学——几何学的一门分支，对他所倡导的结构归纳法打了个比方。结构归纳法始于对同一时间段发生的事进行对比，并观察这些事发生在文化不同的地区会有什么变化(《重新思考人类学》pp7-8)。与此同时，正如我已经指出的那样，他用关联规则强调变化要素。对于利奇而言，案例研究，无论规模大小，都可根据要素间不同类型、不同内容和相互间关系的变化进行对比。很多案例研究包括这种比较，如他在马林诺夫斯基的演讲中把他对克钦的研究、马林诺夫斯基对特罗布里恩群岛的研究和迈耶·福忒斯对塔伦西人的研究，以及其他人的一些研究做了对比。这种对比也间接地暗示了自己社会和文化规则。这是把从马林诺夫斯基所学的第二个想法付诸实践，要以新奇的态度对待熟悉的社会文化，以熟悉的态度对待陌生的社会文化。

　　第二个想法和强调个体创造力的第一个想法结合形成了利奇所始终实践并教授的人类学，他注重培养学生的概括能力，避免在文化相对论上过度纠结，他这种思维模式影响力远远超出了学术界。贯穿他写作和教学工作中最重要的特点是他愿意不断挑战正统，吸引更广泛的听众(富勒和帕里1989: 14)。像费教授一样，他热切地笃信人类学能揭示关于我们人类一些重要的事实，具有非凡意义，因此人类学应面向广大市民而不是人类学专家。例如，利奇希望刊载着他关于马林诺夫斯基演讲的题为《重新思考人类学》的书，将"引起一些读者对自己确定事物的怀疑"(利奇1961年: V)。1967年，英国广播公司主办的著名的里斯系列讲座节目中，面对众多听众，利奇敦促他们牢记貌似隔离且单独存在的事物其实整体上仍然是相互关联的"。他提醒听众事物是处在一个动态而非静态的相互关系中(利奇1968: 77)。由此他得出，我们必须为我们的相互关联而承担责任，必须为我们引发的变化而承担责任，应考虑我们行为的影响，并避免滋生恐惧和暴力的分裂主义所带来的毁灭性后果："我们当代的灾难不是技术，而是民族主义"，因为在他看来，"民族主义是可悲的谬误，因为在民族主义者看来只有分离才是自由"(利奇1968: 90)。

　　利奇反对道德说教，刻意回避说教。他警示普世真理和道德判断教条的危害。但他却嘱咐的人类学家，他们自身的道德操守应和教义信念保持一致。田野工作，阅读民族志有助于培养职业操守的，这种操守是从事人类学研究所必须的。人类、人类社会是人类学研究的对象，不必非是遥远的过去或是眼前的当下。"田野调查"可以进行二次分析或历史研究。不管材料如何，田野调查始终是一种视他性为己性，视己性为他性的沉思过程。田野调查培训以及民族志学都教育学生认识他们自身的差异性。通过训练，我们能无惧怕、无偏见地接受我们之间的差异，然后用跨文化的手段，通过描述和解释来表述他们的独特性。利奇的跨文化归纳概括包括对犹太教、基督教、穆斯林教圣经，及其他文化中神话的概述。

大社会下的人类学

血统范式是弗里德曼研究中国亲属关系的主要方法，利奇曾批评过此方法，上述所述观点以及新儒家作为执政理念重要性的观念都被用来攻击血统范式。利奇研究聚焦于人类自身考察。20世纪30年代的中国正经历着变化，费教授专注于个体研究。两人的研究有一定的相似性。最近中国人类学家发表文章提出费教授中国社会结构的想法源于道德人，个体处于在社会结构网络中心，该网络按血缘亲疏关系分为不同的圈子，正如扔进水中的小石子泛起的圆圈一般，亲友间互助责任源自儒家，道家和法家的教义（《乡土中国》，1938，pp 31–37）。

中国人类学家对此的批评其部分原因是希望中国本土人类学家对中国人类学作出更为详确的研究。在弗里德曼宗族社会结构研究中，我们能看到费教授关于自我、家庭关系、新儒家思想以级中国政权利用该思想来维护政府统治的影子。家族体系成了一个惯用法，而不是一个社会存在，作为本地群族出现的家族体系或家族分支被置于历史时空和地域环境下。

从历史发展的视角看问题，在历史长河中截取渐变或巨变的瞬间来研究社会体系可能是中国人类学学者的贡献。中国人看待历史有其独到之处。但重视历史研究并不能只局限于中国研究或中国学者。自从结构主义由于忽视研究主体和变化而遭到批判，从历史视角研究人类学已成为一种共识。

弗里德曼主要研究了中国东南省份。的确，在西方，他对当地宗族的剖析形成了中国社会人类学研究的宗族范式。最近，他的研究常被用于中国血缘关系发展社会历史的辩论。这是因为弗里德曼非常擅长搜集整理其他学者对中国东南省份乡村组织观察研究的一手资料，他的记录详尽且清晰易懂。他把中国社会作为一个整体来研究，1962年他强调中国人类学研究，正如费教授（1966年）所言，旨在呼吁人类学家进行大规模的社会和文明的研究。和结构-功能学派重在展现历史结构不同，弗里德曼煞费苦心地指出，这意味着进行历史研究。他的意思是研究社会变革，对中国和其他有文字记载，能提供丰富变化记录史料的文明地区展开调研。

弗里德曼提出当地的宗族作为宗族组织在中国东南部在政治和农耕方面占有优势。对他这一观点，支持者有之，反对者亦有之。不幸的是有些反对者忽视了弗里德曼分析所处的特定的历史和政治现状。弗里德曼采用了在非洲、亚洲和太平洋地区对小规模社区进行研究时所用的分类方法，即根据血统和婚姻进行分类。虽然里奇抨击这种分类研究是所谓的蝴蝶式采集，违背科学概括规范，但弗里德曼从另一方面对此做了辩护。

在把血统范式研究方法用于研究一个有着悠久历史记载的大社会时，弗里德曼有意识地修改了非洲式宗族概念。在他看来，宗族适合分析社会组织，但却不适用于分析整个社会的分类。他意识到了这一点，并在书中对此做了探讨。弗里德曼发现，地产、财富、社会地位及对这些的追求影响着中国地方宗族的形成、管理、发展及裂变（弗里德曼；纪念露西·梅尔的论文，伦敦：阿斯隆出版社，1974）。他认为血缘宗亲体系只是有着不同组织规则若干体系中的一个子系统。和利奇不同，弗里德曼从未尝试进行跨文化的普遍性研究。从他对中国社会的研究，可以得出一些具有普遍适用性的社会概念，这些概念可以解释某些社会制度的形成，但他仅将这些概念用于中国。

尽管他做了努力，汉人社会研究和中国人类学研究仍然没有形成利奇所倡导的普适性规则。随着国内外研究中国人类学学者数量增加，或许会在研究中国的基础上形成一般规则，适用于解释社会关系，民族形成、家庭和亲属关系。我希望通过我们的共同努力来实现这一宏愿。

联系实际的伦理规范及其制度化

当然，对于我们所熟悉的自我概念界定并不相同。利奇认为个人是其社会关系中的自我，其文化主导话语和习俗惯例制约了自我行动取向，同时在政治语境下又常指自我利益。规则并非像理想状态下的预言般刻板。正如我已经说过，此概念和费教授以自我为中心的社会网络结构的想法有一定的相似性。但自我在具体的语境下是完全不同的。费教授的自我是中式的、新儒家的自我。利奇的自我延承了马林诺夫斯基的自我概念，正如他的学生们所指出，"是西方功利主义理论下的个人利益最大化；但由此推断无论是克钦族人，还是斯里兰卡村民只具有这样一个简单的灵魂的假设是难以让人接受的。"(富勒和帕里 1989) 此时，利奇从自己的历史文化出发得出未经验证的假设。他的学生对他的评判也是马林诺夫斯基和利奇所倡导的人类学精神的一个很好的例证。

学术批评以及对可以运用于实践的概念构建都有其目的，尽管费教授治学的目的与此并不相同。人类学学术研究的目的是排除我们所处时代的思想对我们的禁锢，去寻找另一种可能性，另一种现实。当然，正如费教授所警醒大家应注意的是批评也可以起反作用。批评很容易跑偏方向，对改善现状或具体事实的改观不起任何积极作用，只是出于一种浪漫的诉求，为了批评而批评。

如果批评不触及意识形态、政府及社会常识等这些现实是一种矫饰的行为，这种批评听来很激进，但是并不具有风险性，因为这种批评并没有方向性，也不会给政府的治理带来任何新的可能性。它无法作出任何选择，相反它只倾向于一种被理想化的政治体，采取一种以偏概全的伦理立场。因为它处于一个局外人的角度来批评现实，所以现实对这种批评也就易于接受。这种批评实际上具有一种政治浪漫主义的色彩。(Minson 1993: 6–11)

但人类学的专业呢，我觉得，意味着它不必是浪漫主义的伦理－政治立场。我仅指我看到可能性，其他人或许有不同的行为准则。但在我看来，通过对地方社会展开深入的实证研究所概括出具有普适性的人性具有实际的人文价值：学会只是聆听和观察，不冒然判断。在评判之前，尊重他人所说所做。允许他人对研究所用理论或理论构架提出质疑，用开放的心态迎接科研中的意外，积极探索其原因，并对理论框架作出修改。

费教授对此做了详尽的描述，他写道在田野工作中，人类学家应把自己的经验作为指导，而不是一种负担。他同意利奇的观点，认为他人的研究可以作为一个要重的参考来反思自己的理论和假设：以经验为依据发现新事物时，也正是学习的大好时机，因为此时自然能萌发许多疑问，故而能区分出异文化社会和己文化社会的不同（费孝通 1996：11）。区分异文化并不意味着未指出之处便和我们相同。区分的目的在于便于发现异文化的落后之处，假设异文化是处于己文化进化史的早期，或许是处于一个相对较近的可称为发展或现代化的时期，或许是处于人类普遍演化发展进化史的较早阶段的。应思考己文化和异文化在同等状态下各自条件的异同，对比各自历史的异同。对该问题的思考或许会发现适用于人类社会任何地方、任何时代的答案。该答案解释了引发生产技术，生态，气候，经济，文化传播和社会结构变化的要素的整体相关性。

自从马林诺夫斯基把田野工作作为中心点，人类学家对此工作方法热情高涨。同样，这样做将我们论述和文化翻译受质疑的风险降到最低。我们通过确定人类学所用调研语言的权威及将其翻译成调研对象和区域的语言从而降低了研究的风险。在文化翻译中，往往禁止研究对象对其论述翻译的有效性提出质疑。然而，虽然研究对象和我们不同，但是，原则上他们是和我们一样具有平等思维和质疑能力的人类。

的确，想专门从事文化翻译的学者为数甚少，因此，要求他们全面掌握人类学研究的概念和系统是不现实的。希望每个人都成为一个人类学家是荒谬的。但是，任何人都有可能成为人类学家，任何语言都有可能为人类学家所用，给我们的学科带来"震动"。因此，理想的状态是，我们应该向这种"震动"开放我们的作品，但我们往往将自己过多地保护起来。

以英语书写的人类学自我批判作品中已经指出了这个弊端。这种自我批评继承了早期对人类学与殖民主义关系进行的研究。最近，后殖民自我批评指出，不仅仅国际人类学的语言通常为英语，而且作者和读者出于自我保护，局限于学术惯例，借助修辞建立证据和权威（阿萨德 1986: 159）。

学术保护是保护不受挑战，这种保护在本国不易奏效。本土人类学家在这个意义上是社会学家，由于在本国，他或她的工作或出版物很容易被本国人民的查阅。即便如此，学术圈子及不成文的惯例也为社会学家们竖起了一座防御屏障。我们为彼此写作，学术圈的游戏规则是取悦评审人。评审人是已经取得或者被任命为学术权威的同僚，他们有资格判定项目的价值，或决定文章能否发表。我们寻求科研支持，判断同行学者项目是否应得到经费支持，然后给评审人和参会者写推荐信。科研课题选题越来越集中在由学术或商业机构提供研究经费资助的部分。学术知名度的提升有赖于所获科研资金和发表出版的数量。由此，学术界的游戏规则就是：世界富裕国家的评审人间的游戏，包括中国在内。它是一个封闭的小圈子。内部是由不同领域和学科的专家组成。他们间又形成若干小派系，不同派系间相会倾轧，逐名夺利。

中国学术圈也自我保护。和西方同行相比，它形成时间短，科研经费相对少。自1918年第一本由中国作家编写的人类学著作（陈映璜《人类学》）出版，中国的人类学至少有三次不得不重新开始。中国人类学有不同的组织形式，在大学之外，还有一些大型的科研机构，享受政府年度及五年计划的财政支持，国外机构也会以合同的方式为约定的项目提供经费资助。大学科研资金本身在一定程度上受政府支持。相比而言，中国政府比西方科研同僚圈子对科研项目有更大的决定权。此外，经费预算限制较多，研究课题的范围只限于紧迫政策问题研究，即在英国基金委员会所谓的"应用"和"战略"的课题，而不是纯科学研究。

由此可以得出，费教授、利奇教授和弗里德曼在不同的历史环境下工作，外部环境影响了他们职业生涯，而且使得他们的科研取向也有所不同。从马林诺夫斯基开始，从20世纪20年代社会人类学作为一门科研学科起，在英国，人类学学科与政治和政府已是相形渐远，但在中国这一学科却没有完全脱离政治。但我认为这些差异只是相对差异，着重点的不同。我们有着共同的使命：在对他者进行研究时，以求知和尊重他人的心态看待彼此的不同，将人类学发展成一门具有批判精神的实验学科。

学术生涯和爱国事业的结合

今天，中国拥有新一代的人类学学者和教师，中国的田野工作和实践伦理学术传统必将焕发出新意。新生代学者将会把他们的爱国情怀融入到人类学科研工作之中。我希望不久的将来，中国的人类学家运用他们的理念对中国以外的社会展开研究，包括对英国。我想这些概念将会是什么呢。

参考文献

Asad, Talal. 1986. 'The concept of cultural translation in British social anthropology' in James Clifford and George E. Marcus. *Writing Culture*. Berkeley: University of California Press.

Fei Xiaotong. 1992. 'The study of man in China – personal experience' in Chie Nakane and Chien Chiao. eds. *Home Bound: Studies in East Asian Society*. Tokyo: The Centre for East Asian Cultural Studies.

费孝通：《人的研究在中国：一个人的经历》，载《读书》，1990年第5期。

——1996年，《重读<江村经济>·序言》，《北京大学学报(哲学社会科学版)》，第4期 [(Fei Xiaotong 1996."*Chongdu 'Jiangcun Jingji xuyan*'" (*Re-reading the preface to Peasant Life in China*). Beijing Daxue Xuebao (*Journal of Peking University: Philosophy and Social Sciences*, No 4)].

Feuchtwang, Stephan 王斯福. 1998. A Practically Minded Person: Fei Xiaotong's Anthropological Calling and Edmund Leach's Game，马戎、周星、潘乃谷和王铭铭主编.1998年，《田野工作与文化自觉》，北京：群言出版社，第1141-1166页 [Ma Rong, Zhou Xing, Pan Naigu and Wang Mingming. eds. 1998. *Tianye Gongzuo yu Wenhua Zijue* (*Fieldwork and Cultural Consciousness*). Beijing: Qunyan Chubanshe: 1141–1166].

—— 2014. 'Social Egoism and Individualism: Surprises and Questions for a Western Anthropologist of China Reading Professor Fei Xiaotong's Contrast between China and the West', *Journal of China in Comparative Perspective*, Vol. 1 (2):75-95.

王斯福：《社会自我主义与个体主义：一位西方的汉学人类学家阅读费孝通"中西对比"观念的惊讶与问题》，《全球中国比较研究》，2016年第2期。

Freedman, Maurice. 1963. 'A Chinese Phase in Social Anthropology', *British Journal of Sociology* 14(1): 1–19.

— 1974. 'The politics of an old state; a view from the Chinese lineage', in John Davis .ed. *Choice and Change; Essays in Honour of Lucy Mair*. Monographs on Social Anthropology No. 50, London: Athlone Press: 68–88.

Fuller, Chris and Jonathan Parry. 1989. '"Petulant inconsistency"? The intellectual achievement of Edmund Leach', *Anthropology Today* 5(3) (June): 12–15.

Leach, Edmund. 1961. *Rethinking Anthropology*. LSE Monographs on Social Anthropology No 22. London: Athlone Press.

— 1968. *A Runaway World?* Reith Lectures 1967. London: British Broadcasting Corporation

— 1970. *Political Systems of Highland Burma: A Study of Kachin Social Structure*. LSE Monographs on Social Anthropology. London: Athlone Press.

— 1982. *Social Anthropology*. Glasgow: Fontana.

Minson, Jeffrey. 1993. *Questions of Conduct*. London: Macmillan.

Pasternak, Burton and Fei Xiaotong. 1988. 'Interview'. *Current Anthropology* 29(4): 637–662.

王斯福教授（Stephan Feuchtwang）英国伦敦经济学院人类学系荣休教授，伦敦经济学院中国比较研究网（CCPN, LSE）创始主任。曾为全英中国研究协会（BACS）主席。基于长期的在中国大陆和台湾长期对民间宗教和政治等研究其出版物体现在个人魅力、地方、寺庙和节庆及民间社会等方面。他还从事灾难性损失的认可、文明和帝国等方面的比较研究。他发表了几十篇论文并出版了十余部著作，如：*After the Event: The Transmission of Grievous Loss in Germany, China and Taiwan* (2011), and *Popular Religion in China: The Imperial Metaphor* (2001)。此书中译本名为《帝国的隐喻：中国民间宗教》，赵旭东译，江苏人民出版社，2008年版。

《社科汉语研究》(中文版) *Journal of Chinese for Social Science*
© 环球世纪出版社 Global Century Press

刊号 ISSN 2633-9501 (印刷版) 刊号 ISSN 2633-9633 (电子版)
DOI https://doi.org/10.24103/JCSS.cn.2023.11

论文

概念整合视角下双语出版物中的转文化现象研究
——以《中华思想文化术语（哲学卷）》为例

阎浩然　蓝纯

摘要： "转文化"是近年来文化传播研究领域的新概念，强调不同文化间交流的动态性和融合性。目前有关"转文化"的讨论大多集中在宏观层面的社会人类学研究，鲜少聚焦于微观层面的语言学研究。本文以认知语言学的概念整合理论为研究视角，基于概念整合理论与转文化机制的兼容性，从镜像型网络、单域型网络、双域型网络三个方面对双语出版物《中华思想文化术语（哲学卷）》中的转文化现象进行分析。我们认为，概念整合是转文化现象背后的重要认知机制；双语出版物中的转文化模型呈现出明显的从镜像型到双域型的连续性；转文化现象研究有助于完善概念整合理论。

关键词： 转文化，概念整合理论，双语出版物，《中华思想文化术语（哲学卷）》

一、前言

探究不同文化间的关系一直是传播学、人类学、社会学等领域的重要研究话题，但这类话题往往涉及三种易混淆的概念：Interculturality（际文化）、crossculturality（跨文化）和 Transculturality。际文化研究范式将不同文化整合起来予以考察，但相对缺乏互动性；跨文化研究范式较前者的整合程度更深，在一定意义上实现了"文化移情"（沈骑，2017: 201）。但是，这两者在文化研究的系统性和深入程度上均有不足。面对这一问题，学界提出 Transculturality 的概念，以凸显文化的互动性、全球性和平等性（常

通讯作者：蓝纯，北京外国语大学，邮箱：beiwailanchun@163.com。

向群, 2017; 史安斌 盛阳, 2020)。为了把 Transculturality 与 Crossculturality 和 Interculturality 等概念相区别，常向群、于硕、沈骑、史安斌等学者建议将其译为"超文化"或"转文化"(沈骑, 2017; 于硕, 2017a; 史安斌, 2018)。综合考虑，本文采用"转文化"这一术语指称两种文化接触后产生新特征的文化融合现象。

双语出版物是当代文化间交流的重要途径，为异国文化的推广和传播提供了重要载体。作为中华文化对外交流的最新努力，《中华思想文化术语》(2021) 的出版将中国传统哲学、文艺、历史等概念以中英双语的方式呈现在世人面前，从概念的解释到引例，系统介绍中华思想文化的核心内容，使中外读者能够较为全面地了解其精髓。

双语出版物中的转文化现象体现了语言文字背后的文化交流属性。然而，当前学界对转文化的研究主要集中在社会文化层面的宏观讨论，尚未有语言认知层面的微观探究。本文尝试从认知语言学的概念整合理论出发，分析《中华思想文化术语（哲学卷）》中的转文化现象，以期揭示转文化现象背后的认知理据，为转文化研究提供新颖的认知语言学视角，同时促进认知语言学和社会学的跨学科发展。

二、概念整合理论与转文化

概念整合作为认知语言学中较晚出现的理论模型，较以往的概念隐喻理论具有更强的解释力和更广的应用空间，被广泛应用于各类语言和社会文化现象的研究 (Fauconnier & Turner, 2002; Turner, 2014; Turner, 2020)。概念整合理论的经典模型由三种心理空间构成，即输入空间、类属空间和整合空间。输入空间为概念整合提供基本概念和元素；类属空间是输入空间的共有结构；整合后形成的整合空间包含输入空间所没有的新结构，即层创结构，体现了概念整合机制的创新性。一般认为，整合空间的产生涉及三个阶段：组合 (composition)、完善 (completion) 和精细化 (elaboration)。"组合"机制使原先分属不同输入空间的概念元素合并在同一空间；"完善"机制赋予组合后的概念相关的背景知识和框架；"精细化"机制在"组合"和"完善"的基础上对概念进行想像和模拟，构建完整的意义场景。概念整合网络中各个空间之间均为双向映射，整合空间中的结构也可反向映射到输入空间中。

我们在研究中注意到，转文化现象的一些特征可以由概念整合理论来解释。于硕 (2017b) 用"跨文化生成性"(transcultural generativity) 来指称不同文化交流后产生的新特征，这一观点即与概念整合理论颇为契合。我们认为，文化概念可被视为认知结构在社会层面的宏观表征，而跨文化生成性可被视为两种不同的文化输入空间整合后产生新结构的能力。换言之，跨文化生成性的背后是概念整合的创新机制。于硕 (2017b: 39) 认为这种生成性具有"组合性"和"构建复杂信息"的特征，其所谓的"组合性"恰恰对应了整合空间的"组合"机制，而"构建复杂信息"则涉及"完善"和"精细化"操作。

于硕 (2017b: 43) 还指出，阈限 (limen) 是介于两个不同区域的中间状态；两种文化在接触和融合的过程中产生第三种文化产物，即阈限。我们认为，这种意义上的阈限也体现于概念整合网络中。首先，阈限具有动态性。概念整合理论认为，在同一网络内，各心理空间之间的映射始终处于互动状态，且从输入空间到整合空间的压缩操作和从整合空间到输入空间的解压缩操作是共时的，这种共时性让阈限处于动态变化中。其次，整合空间的层创结构虽然是新生成的认知结构，但往往涉及输入空间的部分元素。从这个角度看，阈限的表征部分来自于输入空间，部分来自于层创结构。

概念整合网络可分为四种：简单型网络、镜像型网络、单域型网络和双域型网络；后三种与转文化关系尤为密切。根据概念整合理论的经典模型，镜像型网络的各个输入空间和整合空间具有相似的背景框架；单域型网络的输入空间具有不同的背景框架，但在整合中只有其中一种框架映射到整合空间中；双域型网络的输入空间也具有不同的框架，而且这些框架均部分映射到整合空间。我们认为，在转文化现象背后的概念整合网络中，来自两种文化的输入空间拥有各自的文化框架（见图1）：在基于镜像型网络的转文化现象中，两种文化空间和整合空间的文化框架具有相似

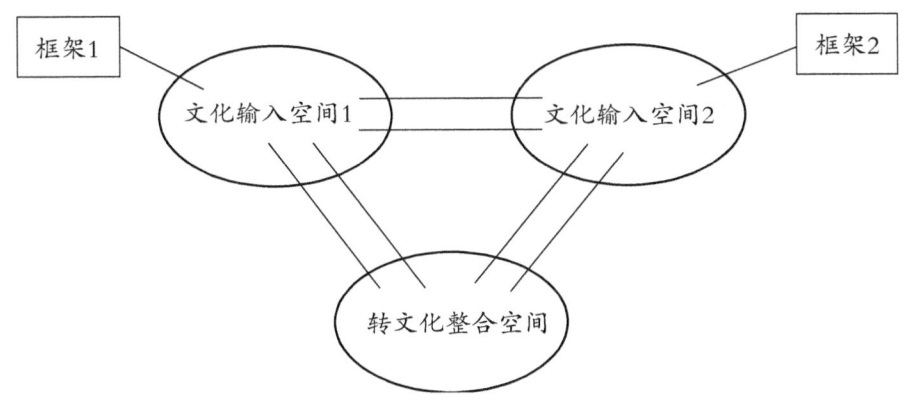

图 1　概念整合网络的转文化图式

性；在单域型网络的转文化现象中，两种文化空间涉及不同的框架，而整合产生的新概念结构仅关联其中一种框架；在基于双域型网络的转文化现象中，两种文化的不同框架均整合在新的文化结构中。

沈骑 (2017) 区分了际文化、跨文化和超文化（即本文所称"转文化"）三个概念，认为它们涉及三种不同的文化结合方式；从际文化、跨文化到转文化，文化交互融合的程度递增。我们认为，一方面，这三种文化融合方式之间具有连续性，且边界模糊，符合认知语言学的原型范畴观 (Taylor, 2003)；另一方面，转文化概念内部也呈现层级性，表现出不同的生成性和融合程度。基于镜像型网络的转文化构建中，由于输入空间本来就具有相似的背景框架，转文化空间的生成性和融合程度相对较低；基于单域型网络的转文化构建主要涉及一种（优势）输入文化的框架映射，所以转文化空间的生成性和融合程度较镜像型高；双域型网络的转文化构建涉及两种文化输入框架的混合映射，生成性和融合程度均高于前两种。

三、《中华思想文化术语（哲学卷）》中的转文化现象

《中华思想文化术语（哲学卷）》(2021) 中的双语词条分为三个部分：词条本身、词条释义，以及词条引例。体例如下：

> 本无
>
> ***Benwu* (Original Non-being)**
> 绝对的空无。东晋时各家多用"本无"表达般若空义，指出事物根本上是不存在的 (……)
>
> *Benwu*, or original non–being, is a term used to refer to void. Philosophical schools in the Eastern Jin Dynasty used it to bracket the doctrine of emptiness from the *Prajñāpāramitā* literatures（"The Perfection of Wisdom"）, arguing that things are fundamentally non–existent [...]
>
> 引例 **Citation**：
> 本无者，情尚于无，多触言以宾无。故非有，有即无 (……)　　　(ibid: 10)

下文从概念整合的视角出发，将词条所涉及的中华文化空间和西方文化空间视为概念整合网络中的两个输入空间。我们聚焦词条翻译和释义，根据转文化整合空间所表现出的不同的生成性和融合程度，将《中华思想文化术语（哲学卷）》中各双语词条背后的转文化现象分为镜像型网络、单域型网络和双域型网络三类，分析各类转文化现象的特征及其背后的认知模式。

1. 镜像型整合的转文化构建

《中华思想文化术语（哲学卷）》涉及的传统哲学术语中有一部分虽然为中国古代哲人的思想结晶，但对应的英语翻译和释义所涉及的文化框架与英语国家既有的文化框架之间没有明显的沟壑。我们将这类术语所激发的转文化整合空间归为镜像型整合。在这类整合中，由于两种框架的相通性，转文化的生成性和融合程度较低；不过，由于两个输入文化空间中的不同构成元素在整合空间内的共存，英语读者仍能体会到文化细节的差异。例如：

八音克谐 **Harmonious Combination of Eight Sounds**

八类乐器所演奏的声音能够协调配合，在整体上达到和谐。"八音"指由金、石、土、革、丝、木、匏、竹等八种材质制成的乐器所演奏出的不同声音（……）

Different sounds produced when eight musical instruments made of gold, stone, earth, silk, wood, gourd and bamboo are played together create harmonious music [⋯] (ibid.: 3)

"八音克谐"指八种不同的乐器所发出的声音实现和谐共鸣，其英语翻译为"Harmonious Combination of Eight Sounds"，基本实现了字面语义的对应。虽然"八音"所指的八种乐器具有中国传统文化特征，但释义所涉及的"音乐和谐"这一概念为中西方文化所共有。通过镜像型概念整合，英语读者一方面可以依靠自身的音乐和文化常识完成术语理解；另一方面，中西方乐器的不同构成元素在整合空间中的结合亦可激发转文化体验。又如：

抱法处势 **Upholding Law by Means of Power**

坚守法度，凭借权势。"抱法处势"是韩非子（前280？—前233）提出的一种法治观念（……）

This expression means to uphold the law by means of power. This is a way of governance advocated by Hanfeizi (280?—233BC) [⋯] (ibid.: 7)

"抱法处势"指统治者根据掌握的权力，保证法令的实施。对英语读者来说，其英译"Upholding Law by Means of Power"所涉及的文化框架与他们自身对权力和法令的理解没有明显的冲突。通过镜像型概念整合，英语读者可以较好地完成对"抱法处势"的理解。而一些构成元素在不同文化间的差异性（如法令和统治者的现实差异）也融合在了转文化整合空间的新结构中。

2. 单域型整合的转文化构建

在《中华思想文化术语（哲学卷）》中，涉及单域型整合的传统哲学术语具有与西方文化空间不同的框架。在英语读者理解时，其需要从中华文化空间和西方文化空间中选择一种框架来构建概念结构，实现转文化识解。例如：

八卦 Eight Trigrams

由"—"（阳爻）和"— —"（阴爻）每三个一组合成的一套符号系统。三"爻"合成一卦，共有八种组合，故称"八卦"（……）

Each of the eight trigrams consists of three lines and each line is either divided (— —) or undivided (—), representing yin or yang respectively […]　　(ibid.: 2)

兑 *Dui* (Marsh)　　(ibid.: 54)

艮 *Gen* (Mountain)　　(ibid.: 83)

坎 *Kan* (The Water Symbol)　　(ibid.: 128)

坤 *Kun* (The Earth Symbol)　　(ibid.: 135)

离 *Li* (The Fire Symbol)　　(ibid.: 138)

乾 *Qian*　　(ibid.: 179)

巽 *Xun* (Wind)　　(ibid.: 330)

震 *Zhen* (Vibration)　　(ibid.: 369)

作为中国古代传统文化的重要渊源之一，《周易》的五行八卦学说具有西方文化所没有的独特框架。《中华思想文化术语（哲学卷）》所收录的相关双语词条主要以拼音和字面翻译为主。英语读者在理解时，需要将自己置身于中国传统文化中，依靠五行八卦的文化框架来构建相关概念。例如，"八卦"的翻译为字面直译"Eight Trigrams"。在理解这一概念时，英语读者既有的西方文化框架无法投射到于整合空间，只有中华文化空间中的相关文化框架参与到转文化整合空间的构建。"八卦"的子概念，如"兑""艮""坎""坤"等，其翻译采用了拼音加字面意义的方式："兑"为 *Dui* (Marsh)，水泽之意；"艮"为 *Gen* (Mountain)，山之意；"坎"为 *Kan* (The Water Symbol)，水之意；"坤"为 *Kun* (The Earth Symbol)，地之意；等等。离开八卦特有的文化框架，这些翻译都将无法理解。又如：

五行 Wuxing

"五行"有三种不同的含义：其一，指五种最基本的事物或构成万物的五种元素(……)其二，五行进一步被抽象为理解万物和世界的基本框架(……)其三，指五种道德行为(……)

There are three meanings to the term. 1) The five fundamental things or elements that make up all things. […] 2) On a more abstract level, the term refers to the basic framework to understand the world. […] 3) It refers to five kinds of moral behavior. […]   (ibid.: 275)

五行相生 The Five Elements Each in Turn Producing the Next   (ibid.: 276)

五行相胜 The Five Elements Triumph[ing] over Each Other   (ibid.: 277)

与"五行"相关的词条主要采用拼音或直译方式。"五行"的翻译为 Wuxing，这种纯拼音的形式更为依赖相关文化框架的支撑，需要词条下的双语释义来提供五行的文化背景知识。但是，纯音译不适合"五行相生""五行相胜"这类复合型子概念，会给理解制造障碍，所以"五行相生"被译为"The Five Elements Each in Turn Producing the Next"，"五行相胜"被译为"The Five Elements Triumph[ing] over Each other"，都力图通过字面翻译来实现转文化识解。在它们所激发的概念整合中，中华文化空间中的"五行"文化框架映射到整合空间，为英语读者构建"五行相生"和"五行相生"的意义结构。再如：

道 Dao (Way)

本义指人所行之路，引申而有三重含义：其一，指不同领域的事物所遵循的法则，如日月星辰运行的规则成为天道，人事活动所遵循的规律称为人道；其二，指万事万物所遵循的普遍法则；其三，指事物的本原或本体，超越了有形的具体事物，是万物生成的基始，又是万物存在和人类行为的根据(……)

In its original meaning, *dao* (道) is the way or path taken by people. It has three extended meanings: 1) the general laws followed by things in different spheres, e.g. the natural order by which the sun, moon and stars move is called the way of heaven; the rules that govern human activities are the way of man; 2) the universal patterns followed by all things and beings; and 3) the original source or ontological existence of things, which transcends form and constitutes the basis for the birth and existence of all things, and for the activities of human beings […]   (ibid.: 42)

道法自然 **Dao Operates Naturally** (ibid.: 43)

玄 *Xuan* **(Mystery)** (ibid.: 324)

与五行八卦紧密相连的道家思想至今仍深刻影响着中国社会，其核心概念"道"及相关概念的双语表达也多依赖单域型整合网络来实现转文化识解。例如，"道"的翻译为拼音加直译 Dao (Way)，这种方式无法为英语读者提供足够的文化知识来理解"道"的内涵，因此，在识解过程中，读者需要中华文化空间中的道家文化框架映射于整合空间，以构建的"道"的概念结构。"道法自然"的翻译方式与上文讨论的"五行相生"类似，采用直译"Dao Operates Naturally"。读者在转文化构建中，将根概念"道"的框架与"道法自然"中的基本元素（如"道""法""自然"）进行整合，生成"道法自然"的文化概念。与"道"相关的"玄"被认为是万物的本源，有幽深玄妙之意，直译为 Mystery。英语读者既有的文化框架使其很难在 Mystery 与"玄"之间建立映射关系，他们对"玄"的理解需要依赖对道家文化框架和"幽深玄妙"的基本意义的整合。

3. 双域型整合的转文化构建

除了以上我们讨论的镜像型和单域型转文化现象，还有一类文化概念英语读者在理解时需要整合两个不同的文化框架。我们把这种情况称为双域型概念整合。"德""气""天"等既属于这一类。例如：

德 *De* **(Virtue)**

"德"有两种不同含义：其一，指个人的良好品格或人们在社会共同生活中的良好品行（……）。其二，指事物从"道"所得的特殊规律或特性，是幽隐无形的"道"的具体显现，也是事物产生和存在的内在依据。

The term has two different meanings. One is an individual's fine moral character, or his proper conduct in society. [⋯] The other meaning of *de* (德) refers to the special laws and features obtained from Dao, or the physical manifestation of the hidden and formless Dao, as well as the internal basis for the origination and existence of all things. (ibid.: 47)

德性 **Virtuous Nature/Morals as Human Nature** (ibid.: 48)

德性之知 **Knowledge from One's Moral Nature** (ibid.: 49)

"德"为传统中国评价人的重要标准，多指个人的品格和品行。中西方对品行的理解具有一定程度的相似性，但是这种相似性较为局限，所涉的部分关键要素不为中西文化所共享，无法实现针对"德"这一概念的镜像型转文化识解。《中华思想文化术语（哲学卷）》对"德"的释义包含两个方面：其一为我们常说的品行，其二为由"道"所生的万物规则。其中，"品行"与英语读者既有的文化框架部分重叠，而"道"在西方文化框架中缺失。因此，英语读者对"德"的转文化构建需要两种文化框架的共同参与：中华文化空间的道家框架和西方文化空间中的道德框架共同融合到整合空间中，实现"德"的双域型整合。"德性"和"德性之知"等子概念也继承了根概念"德"的双域型整合模式。英语读者对"德性"(Virtuous Nature/Morals as Human Nature) 的理解需要"德"的"品行 + 道"的双文化框架整合，而"德性之知"(Knowledge from One's Moral Nature) 作为"德性"的子概念，亦是如此。又如：

气 *Qi* **(Vital Force)**
独立于主观意识之外的物质实体，是构成一切有形之物的原始物质材料，同时也是生命和精神得以发生和存在的基础（……）
Qi (vital force) has a material existence independent of subjective consciousness and is the basic element of all physical beings. It is also the basis for the birth and existence of life and spirit [...]   (ibid.: 174–175)
精气 **Vital Energy**   (ibid.: 112)
血气 **Vitality/Vital Force**   (ibid.: 328)

"气"是中国古代哲学的重要概念。古人认为，"气"没有固定形态，始终处于运动变化中；所有物体均由"气"聚集而成，物体的消失是因为"气"的消散；同时，"气"还影响到人的秉性。"气"被译为 *Qi* (Vital Force)，其中音译部分 *Qi* 包含了中华文化赋予这一概念的特有属性，而意译部分 Vital Force 对应西方文化空间中的一般意义。虽然"气"的古代哲学意义与西方文化的理解不同，但"气"的无固定形态、聚集性等特征仍与现代意义上的"气"有类似之处。因此，英语读者对于"气"的转文化识解同时涉及中国古代哲学框架和现代科学框架。继承了根概念"气"的双框架特征，"精气""血气"等子概念的转文化构建也依赖类似的双域型整合网络。再如：

天 *Tian* **(Heaven)**
"天"是中国古代思想中具有神圣性和终极意义的一个概念。主要有三种不同的含义：其一，指自然意义上的天空或人世之外的整个自然界，其运行呈现出一定的规律和秩序。其二，指主宰万物的具有人格意志的神灵。其三，指万事万物所遵循的普遍法则，同时也是人的心性、道德以及社会和政治秩序的依据。

Tian（天）is a sacred and fundamental concept in ancient Chinese philosophy. It has three different meanings. The first is the physical sky or the entirety of nature (not including human society), the operations of which manifest certain laws and order. The second refers to a spiritual being, which possesses an anthropomorphic will and governs everything in the universe. The third denotes the universal law, which is observed by all things and beings and which is also the basis of human nature, morality, and social and political orders. (ibid.: 245–246)

天道 Way of Heaven (ibid.: 246)

天理 Natural Law/Principles of Heaven (ibid.: 250)

天命 Mandate of Heaven (ibid.: 251)

天人合一 Heaven and Man Are United as One (ibid.: 256)

《中华思想文化术语（哲学卷）》在解释"天"这个词条时指出其具有"神圣性"和"终极意义"。"天"在中华传统观念中既指整个自然界，又指主宰万物的神（如"老天爷"），也代表着万物遵循的法则。在英语读者的文化背景中，"天"(Heaven) 往往对应着"天堂"和"上帝"。"老天爷"和"上帝"虽然分属不同的文化体系，但有很多相似之处。"天"的翻译为拼音加英语"Tian (Heaven)"。这不仅是一种翻译技巧，还是文化交融的体现。读者在理解"天"时，把中华文化空间的"天"(Tian) 框架和西方文化空间的"Heaven"框架共同投射到整合空间中，产生了对"天"的中西文化融合的理解。根概念"天"的双域型转文化模式会延续到与"天"相关的子概念中，从"天道""天理""天命"到"天人合一"，这些子概念均以双文化框架整合的模式实现转文化识解。

四、讨论

通过以上的分析，我们从双语出版物《中华思想文化术语（哲学卷）》的转文化现象中有以下发现：

转文化识解的背后主要涉及三种概念整合模式：镜像型、单域型以及双域型。根据认知语言学的原型范畴观 (Taylor, 2003)，相邻范畴之间没有清晰的边界，范畴成员有的接近范畴原型 (prototype)，有的相距较远，因此在典型程度上呈连续性。我们认为，转文化识解的这三种模式也并非互相独立，模式内部和模式之间也都呈现一定程度的连续性。

我们在讨论镜像型整合的转文化现象时分析了"八音克谐"和"抱法

处势"两个概念。尽管它们均属于镜像型整合,但镜像程度不同。"八音克谐"的"八音"译为 Eight Sounds,翻译未提供概念整合所需的"八音"的具体意义结构,需要读者从词条下的双语释义中提取八音的乐器属性。这在一定程度上显示了中西音乐框架之间的差异性。"抱法处势"的翻译"Upholding Law by Means of Power"则提供了概念整合所需的"法律""权力"等基本概念元素,英语读者可直接进行镜像型整合,不需要双语释义的补充。与"八音克谐"相比,"抱法处势"的镜像程度更高,英语读者进行转文化识解的认知负荷较小,而"八音克谐"的转文化识解更接近单域型整合模式。

在单域型整合的转文化现象中,不同概念的翻译表达也呈现出不同程度的单域模式。例如,"兑""艮""巽"作为"八卦"的三个概念,分别象征"水泽""山"和"风",被译为"Marsh","Mountain"和"Wind";而另外三个子概念"坎""坤""离"的基本象征义为"水""地""火",却被译为"The Water Symbol","The Earth Symbol","The Fire Symbol"。我们认为,这两种译法间的微妙差异涉及以下的认知模式差异:八卦不仅有基本象征义,还有各种引申义。比如,"兑"可引申为"女性""女儿"等义,"艮"和"巽"也有引申义。因此,只译出"兑""艮""巽"的象征义,会让读者产生较大的认知落差,需要具体的双语释义来补充文化框架。相比较而言,"坎""坤""离"的翻译标记了概念的类属"Symbol",在一定程度上弱化了文化框架间的鸿沟。从这个角度看,"兑""艮""巽"的转文化理解呈现的单域型特征更加明显,而"坎""坤""离"的转文化构建更靠近镜像型。

双域型整合的转文化现象涉及两种不同文化框架的整合。在整合过程中,由于输入文化框架的突显程度不同,整合空间产生的转文化效果也有所不同。在"文化自信"和"文化走出去"的背景下,《中华思想文化术语(哲学卷)》的双语编排在一些术语的处理上倾向于以中华文化为主导框架,但是在具体的概念阐释上,文化框架间的竞争性时有所现。例如,我们在前文注意到,"德"[*De* (Virtue)]"气"[*Qi* (Vital Force)]"天"[*Tian* (Heaven)]等根概念的翻译均采用了拼音加字面义的方式,有意让读者同时将中华文化框架和西方文化框架融入到整合空间。在这种双域型整合中,中华文化框架的优势不再像单域型整合模式那样突出。在子概念的双语理解上,文化框架间的竞争性有着更加微妙的变化。比如,在"精气"(Vital Energy)"天道"(Way of Heaven)等子概念的翻译中,西方文化框架(如

Energy, Heaven 等）的显著性增强，而翻译中未直接呈现的"气""天"等中华文化框架似乎背景化了。在这种情况下，后者的激发需要额外依赖根概念框架以及子概念的具体释义，导致认知负荷的增大，从而使子概念的中华文化框架较根概念中的中华文化框架显著性降低。据此我们认为，子概念的双域型转文化整合比根概念更靠近镜像型文化整合。我们同时可以假设，在一些特殊情况下，英语读者在理解子概念时可能会忽略根概念的继承性和子概念的具体释义，使中华文化框架未能映射到整合空间中。这样一来，原本的双域型整合会更接近单域型整合。

综上，我们认为镜像型、单域型和双域型转文化整合并非像概念整合经典理论所设想的那样互相独立。事实上，这三种整合模式呈现出比较明显的连续性。镜像型概念整合可趋向单域型整合，单域型概念整合也可趋向镜像型，而一般认为最复杂的双域型概念整合也可趋向镜像型或单域型。从符号学角度来看，概念整合模型的连续性和互动性与皮尔斯符号学的连续论(Synechism)相契合，即世界上不存在独立和对立的符号，思维与物质、生命与非生命之间都是连续的 (Romanini & Fernández, 2014)。三种转文化整合模型的动态模式如图 2 所示：

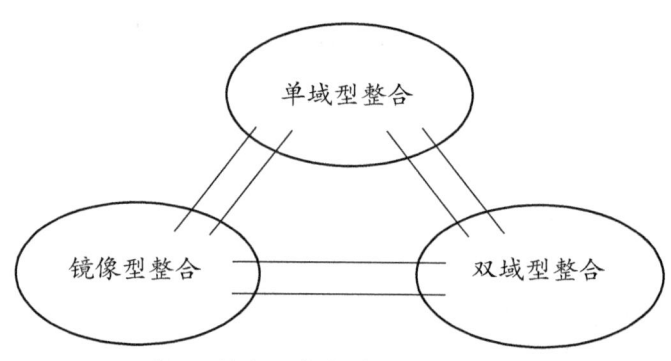

图 2　转文化整合模型的互动图式

五、结语

本文从认知语言学的概念整合理论出发，讨论转文化研究与概念整合理论的关系，并基于两者的相通性对双语出版物《中华思想文化术语（哲学卷）》中的转文化现象进行分析。通过对镜像型、单域型、双域型三种转文化整合模式的探讨，我们发现传统文化术语翻译的转文化模型呈现连续性的特点，并在此基础上指出了概念整合理论模型的不足。本研究拓宽了转文化研究的理论视角，完善了概念整合理论模型，为认知语言学和社会学的跨学科发展提供了新的视角。

参考文献

常向群：超文化与中国社会科学全球化—词汇的发明与发掘，《全球中国比较研究》，2016(1): 13-27.

Fauconnier, G. & Turner, M. 2002. *The Way We Think: Conceptual Blending and the Mind's Hidden Complexities*. New York: Basic Books.

Romanini, V. & Fernández, E. (eds.). 2014. *Peirce and Biosemiotics: A Guess at the Riddle of Life*. Dordrecht: Springer.

史安斌：从"跨文化传播"到"转文化传播"，《国际传播》，2018(5): 1-5.

史安斌 盛阳：从"跨"到"转"——新全球化时代传播研究的理论再造与路径重构，《当代传播》，2020(1): 18-24.

沈骑：从跨文化、"际文化"到"超文化"研究：兼评《普世价值梦、民族国家梦及环球共生梦—中欧相逢中的跨文化生成性思考》一文，《全球中国比较研究》，2016(1): 199-203.

Taylor, J. R. 2003. *Linguistic Categorization*. Oxford: Oxford University Press.

Turner, M. 2014. *The Origin of Ideas: Blending, Creativity, and the Human Spark*. New York: Oxford University Press.

Turner, M. 2020. Constructions and Creativity. *Cognitive Semiotics* 13(1): 1-18.

于硕：寻找"超文化性"的生存空间：回应沈骑，《全球中国比较研究》，2016a(1): 204-214.

于硕：普世价值梦、民族国家梦及环球共生梦—中欧相逢中的跨文化生成性思考，《全球中国比较研究》，2016b(1): 31-57.

《中华思想文化术语》编委会：《中华思想文化术语》. 北京：外语教学与研究出版社，2021年。

阎浩然，2022年1月毕业于北京外国语大学英语学院，获英语语言文学博士学位。现任西安文理学院外国语学院英语系讲师，系主任助理。主要研究领域为理论语言学、文体学、符号学、语言哲学、翻译。目前已在《当代语言学》等外语类重要期刊发表论文数篇，包括《文本世界理论的新发展——〈世界构建：心智中的语篇〉评介》《如何以"规则"行"语言游戏"——维特根斯坦语言哲学观的再思考》《功能文体学视角下的小说翻译研究——论〈理智与情感〉中语法隐喻在中文译本的重构》等。

蓝纯，北京外国语大学英语学院教授，博士生导师。曾任北京外国语大学英语学院语言学中心主任。主要研究领域为认知语言学、语用学、修辞学、翻译。已出版专著及教材10余部，包括 A Cognitive Approach to Spatial Metaphors in English and Chinese (2003)，《认知语言学与隐喻研究》（2005），《语用学与〈红楼梦〉赏析》（2007），《语言导论》（2007），《语言学概论》（2009），《修辞学：理论与实践》（2010），《大学思辨英语教程精读1：语言与文化》（2015），其中《语言导论》被评为2008年北京市高等教育精品教材，《语言学概论》和《修辞学：理论与实践》被评为国家十二五规划教材，《大学思辨英语教程精读1：语言与文化》获得首届全国优秀教材建设奖；另有译著多部，在国内外学术刊物上发表论文五十余篇。2004年获霍英东教育基金高校优秀青年教师奖。2021年主讲的"语言学概论"慕课被评为国家级一流线上课程。

双语信息

1. 本刊基本信息

1.1 本刊及作者简介

本刊简介

　　《社科汉语研究》期刊旨在讨论语言在语境中的使用，以期能够引起学术界对中国社科领域已有翻译文本及语言使用的意义变化的关注。"社科汉语"或"社会科学汉语"是特定用途汉语 (CSP) 的一个分支，如"科技汉语"或"商务汉语"。其创意来自全球中国学术院 (Global China Academy)。通过其全球中国对话论坛聚集来自世界多国的不同学科的学者和不同机构的专业人士讨论中国与全球问题。由于每个领域和学科都有其独特的语言和话语，《全球中国比较研究》双语期刊以及环球世纪出版社的出版物，为社科术语、概念、观念及思想的中英互译形成的对话和交流提供了一个平台，也奠定了中国同世界其他国家共享思想和研究成果的基石。然后，有效的对话和思想交流的障碍之一是脱离语境的那些翻译的术语和概念的使用。这些翻译通常给读者一个东方化的中国的表征。针对这一问题，本刊着重讨论和分析翻译及原意的概念和差异。其目的是讨论语言在语境中的使用，以期能够引起学术界对中国社科领域已有翻译文本及语言使用的意义变化的关注。

主编简介

　　徐海燕 (XU Haiyan)，《社科汉语研究期刊》主编，南昌大学外国语学院的副教授。自1998年起便在该学院任教，她的专长包括英美诗歌、英汉互译及翻译技术。她的课程广泛，涵盖大学英语、学术英语、英语词汇学以及计算机辅助翻译，这些课程旨在培养英语专业及非专业本科生和研究生的语言能力和翻译技巧。在教学与科研方面，徐海燕主持并参与了多项重要项目，例如探索大学英语演讲课的教学模式以及研究艾米莉·狄金森的诗歌哲理，这些项目均获得省级和校级的支持。她的研究成果频繁发表于中文核心期刊，其翻译作品也涵盖了社会科学、哲学和历史等多个领域，表现了她广泛的学术视野和深厚的翻译技能。在国际学术交流方面，她曾在英国利兹大学、美国威斯康星州立大学和英国剑桥大学等多所著名学府进行访学和交流，积累了丰富的国际经验。她也曾参与英国伦敦政治经济学院中国比较研究网的翻译和编辑志愿者团队，显示了她在全球学术界的活跃度和影响力。自2022年2月起，徐副教授担任西班牙卡斯蒂利亚拉曼查大学孔子学院的中方院长，致力于推动中西文化的交流与学术合作。

联合创刊主编

冯东宁博士 (Dongning Feng)，旅英社会语言学家，翻译学家。曾任英国伦敦大学亚非学院语言及文化学部高级讲师，亚非学院翻译研究中心主任，先后在中国、日本和英国从事语言、社会科学、翻译学等学科的教学二十余年，并曾任教于英国多所大学。他主要研究领域包括文学理论与翻译理论，翻译社会学、批判话语分析与翻译及翻译文化学。他发表的作品包括政治文本翻译和专著 *Literature as Political Philosophy in Contemporary China*（《论当代中国文学的政治哲学性》2002年）。

宋连谊博士 (Lianyi Song)，英国伦敦大学亚非学院中国与内亚文化和语言系高级讲师；亚非学院中国研究院和翻译中心成员。在英国获得教育学博士学学位前后从事对外汉语教学20多年。他教授的课程包括：中文、高级中文、商务中文、汉译英等；研究兴趣为中文教学法、话语分析和中文应用语言学。其汉语教学著述包括《普通话自学入门》《十天会说普通话》《自信地说普通话》《普通话初学者》《普通话会话》，以及《中文读写脚本》等。

1.2. 本期作者简介（中文，见每篇文章后面；英文，见137页）

1.3. 目录（中文见第1–2页；英文，见第140页）

1.4. 主要参考文献内容提要和关键词（英文，见第141页）

1.5. 作者须知（英文，见第144页）

《社科汉语研究》期刊（中文版，印刷版 ISSN 2633-9501，电子版 ISSN 2633-9633, DOI: https://doi.org/10.24103/jcss.cn）致力于作为一个中英文双语平台，专注于探讨汉语在社会科学中的应用。期刊主要包含三个部分：阅读、写作和翻译，直在通过汉语在社科语境的研究，促进语言、文化和人类之间的深入理解和对话。

投稿要求

- 阅读栏目探讨汉语在社会科学中的应用：研究中文在社会科学研究中的使用情况，包括实现中英文概念对等的挑战和策略。
- 写作栏目的选稿范围：有关中国研究的外国学生的本硕博士生优秀论文；语言和字数要求：2,000-4,000字左右，并附有英文翻译或概要；作者简介：中英文简介各100字左右，包括姓名、性别、年龄、国籍、毕业院校、研究兴趣及研究成果等。
- 翻译栏目强调翻译的挑战和解决方案：针对社会科学术语、概念、思想和观念翻译复杂性的研究，促进跨文化对话和交流。
- 我们还鼓励学术文章探索相关主题和话题。
- 关注双语元素：探讨学术研究和出版中的双语现象，特别是中文和英文在传达社会科学知识中的动态关系。
- '社科汉语'：研究作为'专门用途中文'(Chinese for specific purposes) 分支的理解和发展，也包括与其他的诸如'科技汉语'或'商务汉语'的比较。

投稿指南

投稿应符合期刊关于汉语在社会科学研究及其翻译方面的重点。我们欢迎与我们的使命相一致的投稿，旨在弥合社会科学研究中的语言和文化差距。《环球世纪出版社出版指南与体例》https://globalcenturypress.com/house-style-guide 可在以下三部分为您提供具体的指导：

第一部分作者投稿指南包括有关投稿指南及信息；

- 第二部分为稿件写作和格式的体例，包括向我们提交的文本、图片和图表的最佳方式；
- 第三部分为本社在过去几年来与中英文学者、平面设计师、编辑和校对人员共同开发的双语体例和规则，并提供了本社独有的服务双语信息的服务的示例，展示在每本期刊和每本书的后面。将有助于您深入理解"社科汉语"；

上述《出版指南与体例》的第三部分中的双语服务就是本刊"双语信息"的第一部分"本刊基本信息"（第124-126页），每期都不同；"双语信息"的第二部分"本社双语特色及相关信息"（第127-135页），它们是本社独创的社科汉语的内容，为了方便读者，将附在每期的后面。

2. 本社双语特色及相关信息

2.1. 环球世纪出版及其独有特色

环球世纪出版社（公司注册号：8892970）是全球中国学术院旗下的子公司，是世界上首家致力于在全球语境下出版双语的社科与人文的专业及大众书籍的出版社。环球世纪出版社是唯一的一个致力于出版未经审查的关于中国的著述的独立平台，其出版物还包括在全球语境下对世界和人类知识研究的中华视野，以及对中国研究的非中华视野。

本社的出版的范围广泛，如学术期刊、会议或基于主题的论文集、研究专著、丛书、社科汉语教材以及工具书等（彩印为主）。出版的形式多样，如印刷版、电子版、音像、网络及其移动网络版。

本社有 DOI 授权，每本书和每本书的每个章节都带有 DOI 号。还对每本书在作者的著作基础上做了外包装，以"三明治"式的形式呈现，正文夹在"开头部分"和"末尾部分"之间，开头部分包括该丛书的总序言等，末尾部分包括参考文献和本社独有的英汉双语信息。

了解更多信息请访问本社网站：https://globalcenturypress.com

2.2 本社以全球和转文化视野创造了双语服务的独有特色

本社以英汉双语出版社会和人文学科的学术及其通俗著作，但不是以英汉对照的形式，而是有些书只出英文版或中文版，有些书既出英文版也出中文版。本社为所有期刊和书籍都提供了英汉双语信息。如果是英文书，书后包括的中文基本信息有助于中文读者了解在英语世界这一领域正在进行的努力。同样，我们有两种中文期刊（见5），双语信息中的英文部分所包括的英文的基本信息，可以帮助非中文读者了解在英语世界之外这一领域正在进行的努力。

目前，环球世纪出版社出版三种前沿学术期刊和八种特色系列丛书，以鼓励从全球和比较的视野来研究中国。这些转文化产品展示了全球中国学术院如何为全球学术界做出贡献并参与构建全球社会。在该书正文后面的"本系列其他书籍"和在双语信息后面的特色介绍以及"其他系列丛书"的扩展部分为读者提供了超越该书的更大图景。

我们使用世界地图作为所有期刊包括《全球中国对话文集》辑刊系列封面的背景，同时使用不同的和对比款式来设计，《全球中国比较研究》封面由三种不同颜色的水平色条构成，《社科汉语研究》、《语料库与中国社科研究》和《全球中国对话文集》的背景颜色不同，其封面和封底均以"白中有黑"或"黑中有白"的阴阳八卦思维来处理。这两种封面都表达了我们的"全球和比较视野"的主题（见 5）。

本社系列丛书的封面均精选自世界上最优秀的当代中国书法家之一、英籍华人书法家和艺术家赵一舟先生的数千幅作品。这些"书画"都是基于汉字或词组，在某种程度上反映出我们的几套系列丛书的主题，比如："旦"用于《中华概念》丛书、"文明"用于《中华话语》丛书、"乐"用于《读懂中国与世界》丛书、鑑 (鉴反映，审视，比较)《中国和中华比较视野系》、"人"用于《中国社会科学全球化》丛书、"众"用于《"三只眼"转文化》丛书，"心"用于《中国城镇化研究》丛书、幽人（过着隐居生活而独特独立和富有创造力的人）用于"前沿与边界"系列。有些字直接被书画家用作"书画"的标题，有些则赋予了特定的含义，如:《人是人的囚徒》、《大众与传媒》。而以《各乐其乐》为例，它表现了中国典型的太极思维方式。赵氏丰富的工艺综合了中国和西方的材料（包括水彩纸上的丙烯、宣纸上的墨水和油）和技术，并借助于东西方的时空来提供它们之间的对话。凭借深厚的美学和哲学基础，以及他在中西文化之间的转文化经历，其作品在传统与创新之间取得了平衡，在一定意义上表达了全球中国学术院和环球世纪出版社的旨意。

本社出版的每一本书或发表的每一篇文章都是转文化产品。该过程贯穿产品制作的每一个流程。作者、著作编辑、文案编辑、校对、美术编辑和排版师之间的转文化合作关系构成本社出版模式的核心，展现了环球世纪出版社乃至全球中国学术院倡导的转文化理念的实践过程。

2.3 本社汉英双语显示体例

- 本社在每本书的末尾增加了"环球世纪出版社双语信息"部分。它包括"关于本书"（见第1节）和"环球世纪出版社出版的其他书系"（见第5节）。这种英汉双语服务为本社出版的系列中的每一本书和《社科汉语研究》(仅有中文版)期刊都提供了关键信息。
- 在英文版中，封面、扉页和封底以及版权页等的双语显示，均为英文在上、中文在下；在中文版中则倒过来。
- 关于空白页，本社的做法是:
  - 书前部分 (front matter) 页码使用罗马数字，正文页码使用阿拉伯数字
  - 以上二者之间可以有空页，以保证第一章从右面开始为第1页，其

他章节可以从左面开始，以保证正文页面和页码的连贯
- 如果全书分为若干部分或者大章，每部分或大章均从右面开始，必要时加空白页
  - 单页书眉一般上章名，但是章数太少但节数太多的书（如:《嘉言善行：山区校长谈教育》一书），为了便于读者了解所在页面的章节主题，在单页书眉上则显示节名和章号。
  - 在本社中文排版中，无论是封面、作者行还是在内文中，姓和单字符名称之间均没有空格，如李白，而非李 白。
  - 一般而言，本社在内文排版时英文行距为 2mm，中文行距为 3mm。
  - 本社从 1,000 多种可能的字体中选择了 Times New Roman 和方正楷体 (FZKai-Z03) 这两种字体分别对英文版和中文版进行排版，构成了本社英汉双语排版的风格。当中文出现在英文版或英文出现在中文版时，本社使用 InDesign 软件提供的复合字体。
  - Times New Roman 字体的正体不能标准化地显示某些汉语拼音，如"地缘"的拼音"dìyuán"中的"á"与斜体拼音 *dìyuán* 中的 *á* 看上去不同。在中国出版界通用的标准地显示拼音的字体 GB-PINYIN-D 中，无论正体还是斜体的显示均与后者相同。本社使用拼音的正体与斜体依旧采用 Times New Roman 来呈现。

2.4 本社汉英双语排版标点符号用法

本社中文排版的标点符号一般遵循中华人民共和国国国家质量监督检验检疫总局和中国国家标准化管理委员会于 2011 年联合颁布的《标点符号用法》(GB/T 15834–2011)[1]，但在英汉双语互译以及出版的实践中存在一些标点符号不对应的问题。以下为本社在英汉双语排版的相关规则。例如：

- 由于中文字体里的标点符号的字号都大于 Times New Roman 中的同类标点符号的字号。本社中文排版根据《标点符号用法》(GB/T 15834–2011)，使用北大方正软件设置，并以汉英双语排版标准而设定了"标点挤压"（标点间距缩进）。这样，既能调整英文单词、数字和汉字混排时之间的尴尬空隙，又能解决两个标点符号在一起的时候间隔太大的问题。
- 在英语作品中的引号为单引号（' '），引号内的引号为双引号

---

[1] 标点符号用法，见: http://www.moe.gov.cn/ewebeditor/uploadfile/2015/01/13/20150113091548267.pdf。

（""）；在中文作品中的引号使用双引号（""），引号内的引号使用单引号（''）。

- 中文的书名号《》与英文斜体在书名、期刊名、音乐专辑名或电影名等用法相似，但是，英文的文章名、歌曲名或诗歌名等用引号，这种用法也适用于本社的中文版。
- 本社在英文排版中几乎不使用破折号（——），在中文排版中偶尔使用，通常使用冒号（：），在某些情况下也使用一字线（—）。书名和章节的标题和副标题一般用不同的字体或换行来体现。
- 在一般文字或数字排版时，本社用短横线（-）代替浪纹线（～）。
- 英文字两边的括号用半角括号(...)，中文字两边的括号用全角括号（……）。

2.5 本社中文及相关名字英文显示体例

2011年，中华人民共和国国家质量监督检验检疫总局和中国国家标准化管理委员会联合发布了《中国人名汉语拼音字母拼写规则》(GB/T 38039–2011)[1]。在过去的十年中，一些规则受到了挑战。本社在上述规则的基础上进行了调整并制定了相应的中文名字英文显示体例。

- 所有中文人名由拼音形式呈现，而不是以斜体字呈现，地名也是如此，例如：北京或上海 (Beijing, Shanghai)。
- 一般而言，中文姓氏（或家族姓氏）由单姓（例如：赵、钱、孙、李）或复姓组成（例如：欧阳、司马），偶尔也有双姓名（如：欧阳陈）。另外，1980年代中国"独生子女"政策实施后，出生者婚后的孩子也有"复姓"，为了"传宗接代"的需要，父母双方创造性地各取一姓，如父姓张与母姓杨合成为"张杨"这一新的"复姓"。
- 中文人名的用法，先姓氏然后是名，前者一般是单姓，看上去较短，后者一般由两个字组成，看上去更长，有时候，在中间加上短横线（-）来连接人名的两个汉字，例如：王老五 (WANG Laowu 或 WANG Lao-wu)。虽然中文常见名为三字人名，由于传统文化的复兴，父母为子女取名时会依据命理原理，在单姓之外增加名字的数量，如在张泽琳圳 (ZHANG Zelinli) 这样的名字中含有水、木和土元素。

---

[1] 见：http://sxqx.alljournal.cn/uploadfile/sxqx/20171130/GBT28039-2011 中国人名汉语拼音字母拼写规则 .pdf。

- 中文人名的拼音或英文写法有两种：一种是姓全部字母大写，后面的名字首字母大写、其他字母小写 (如：ZHANG San, WANG Laowu)。本社采用这种方式用于所有中国大陆华人的中文人名。

- 另一种中文人名的拼音或英文写法按照中文人名顺序并且姓氏仅首字母大写，如：邓小平、张艺谋 (Deng Xiaoping, Zhang Yimou)。根据约定俗成规则，本社也会使用这种写法，主要用于一些广为人知的名字，尤其是政治家或社会名流，这种用法在西方越来越普遍。

- 本社沿用一些古代哲学家和文学家已有的英文名，如孔子 (Confucius)、孟子 (Mencius)、李白 (Li Po)。但是，古代文学家一般以现代汉语拼音为主，如李白 (LI Bai / Li Po)、李清照 (LI Qingzhao)。

- 在实际运用上，海外华人大都是将他们姓放在最后，以英文姓名顺序来书写，例如：老五王 (Laowu Wang)。

- 一些曾用过"韦氏拼音"[1]的名字，如：费孝通 (Fei Hsiao-tung)，以汉语拼音为主，在同一篇文章或著作首次使用时列出，如：费孝通 (Fei Xiaotong / Fei Hsiao-tung)。

- 非大陆原籍的海外华人英文名受方言影响，有的还有英文名。在可能的情况下，在同一篇文章或著作首次使用时尽量列出，如金耀基英文名通常为 Ambrose King，或 Ambrose Yeo-Chi King，有时出现汉语拼音 Jin Yaoji 或 Yaoji Jin。

- 一些韩国人名中文写法看起来像华人的三字姓名，例如：具海根 (Hagen KOO)、金光亿 (Kwangok KIM)，他们通常把姓放在名字后面并大写。同样的规则也适用于日文名字，如：福武直 (Tadashi FUKUTAKE)、山泰幸 (Yoshiyuki YAMA)。

- 在本社出版物中，如果您看到姓放在名的前面，一般可推测那个人来自中国大陆。名字的使用方式因人而异，也有例外。

《环球世纪出版社体例指南》包含了对本社双语体例和规则做了全面的解释，并这些规则做了详细说明，请在本社以下网址查阅：

https://globalcenturypress.com/house-style-guide

---

[1] 见：https://zh.wikipedia.org/wiki/威妥玛拼音。

2.6. 环球世纪出版社出版的期刊及辑刊

全球中国比较研究

主编：常向群 英国全球中国学术院

《全球中国比较研究》期刊 (JCGCP，原名《中国比较研究》JCCP)，发表原创的多学科和跨学科有全球视野的或关于中国的比较研究，涵盖社会科学和人文科学的广泛主题。它鼓励来自不同学科（包括政治学，经济学，国际关系，历史，社会学，人类学，教育学、法学、传媒、文化研究、社会心理学和方法论）对同一问题或主题的辩论，合作和共同作者。它的目标是以创新的方式超越传统的学术界限，展现最优秀的学术成果。

《全球中国比较研究》期刊不仅仅关注中国，因为学术界已经有许多优秀的中国相关期刊，本刊的特点在于以全球和比较双重视野看待中国，将中国视为更广泛发展模式、观念、运动、网络和系统的一部分。比较包括以中国为案例来检验通用理论，或者从关于中国与其他国家或背景的比较数据中得出分析结论。比较可能是区域的或全球的，历史的或当代的，也可能涉及到对中国和他人的看法：中国对他人的看法，以及他人在政治、经济、军事和文化等方面对中国的看法。

我们也考虑发表那些以中国与非中国，中国人与非中国人，或中国学者与非中国学者之间的学术辩论和对话，以及中国对全球或人类知识的视角，还有非中国人在全球背景下对中国进行比较研究的文章。

除了研究论文、研究报告和评论，《全球中国比较研究》期刊还定期举办选定主题的研讨会，发表关于特定学术领域的深度评论文章，以及有全球和比较视野的有关中国的特殊质量和重要性的书籍的评论。本刊的某些期刊可能会聚焦于特定主题，欢迎对主题提供建议。

《全球中国比较研究》期刊是一份严格的非党派刊物，不支持或歧视任何政治、意识形态或宗教观点。提交给本刊的文章都要依据标准的学术实践，经过严格的盲审同行评议过程。本刊虽然为学术期刊，但其编辑方针是确保在这里发表的文章不仅对学术界有兴趣，而且对政策制定者以及对中国相关主题有一般兴趣的读者也有吸引力。

语言：中文和英文

ISSN 2633-9560 印刷版 / ISSN 2633-9579 电子版
DOI https://doi.org/10.24103/jcgcp.cn
www.globalcenturypress.com/jcgcp

社科汉语研究

创刊编辑：冯东宁 宋连谊。主编：徐海燕 中国南昌大学

《社科汉语研究》期刊（中文版）审视汉语在特定背景下的使用，并引起学术界对现有翻译文本和中国社会科学语言运用的关注。本刊有汉英双语元素，由阅读、写作和翻译三个部分组成。

在英语和汉语之间实现概念等值性面临巨大挑战，尤其是在跨越两种语言、文化和社会的社会科学研究中。通常情况下，研究成果是以研究者非母语的语言发表并需要翻译。然而，如果翻译不得当，跨文化或跨传播的交流中会产生各种潜在风险。具有相应注释和评论的双语学术期刊为减少这些风险铺平了道路，《社科汉语研究》将跨文化或跨传播的研究推向更高层次。它不仅凸显了在翻译研究成果方面的问题，还积极参与、推动并促进语言、文化和社群之间的"对话"。

"社科汉语"或"社会科学汉语言"是"专门用途汉语"(CSP) 的一个分支，如同"科技汉语"或"商务汉语"。该创意来自全球中国学术院 (Global China Academy)。通过其"全球中国对话"系列论坛，吸引了来自英国、美国、中国和法国的许多不同机构的发言人和代表，包括大学、公共和政府机构、非政府组织和媒体。

全球中国学术院旗下的环球世纪出版社出版的全球语境下出版双语的社科与人文的专业及大众书籍，为社科术语、概念、观念及思想的中英互译形成的对话和交流提供了一个平台，也奠定了中国同世界其他国家共享思想和研究成果的基石。由于每个领域和学科都有其独特的语言和话语，有效的对话和思想交流的障碍之一是脱离语境的那些翻译的术语和概念的使用。这些翻译通常给读者一个东方化的中国的表征。针对这一问题，本刊着重讨论和分析翻译及原意的概念和差异。其目的是讨论语言在语境中的使用，以期能够引起学术界对中国社科领域已有翻译文本及语言使用的意义变化的关注，消除有效对话和思想交流的障碍。

语言：中文
ISSN 2633-9501 (印刷版) / ISSN 2633-9633 (电子版)

DOI https://doi.org/10.24103/jcss.cn
www.globalcenturypress.com/jcss

语料库与中国社科研究

主编：钱毓芳 中国浙江工商大学

《语料库与中国社科研究》期刊 (JCACSS，英文版和中文版）肇始于2016年"语料库与中国社会科学"工作坊的契机而创刊的学术期刊。该刊受到了语料库专家托尼·麦克内里 (Tony McEnery) 教授的指导和国内外同行支持。借鉴了英国兰开斯特大学在经济与社会科学委员会的资助下成立的"语料库与社会科学中心"的创意，他们把语料库方法应用于社会科学的共同应对环境、犯罪和健康等问题并取得了突破性的进展。

本刊旨在把这种新锐的语料库方法应用于中国社会科学领域，探索在大数据时代如何社会科学已有的定量和定性分析的方法基础上，寻找新的方法来分析海量的电子文本的问题，对带来了挑战 相关研究并发布相关研究的成果，为有共同志趣者提供一个学术交流平台，应对全球进入数字时代错综复杂的社会问题对社会语言学家提出的挑战。

语言：中文
ISSN 2633-9617 印刷版 / ISSN 2633-9625 电子版
DOI https://doi.org/10.24103/jcacss.cn
www.globalcenturypress.com /jcacss

全球中国对话系列文集

系列文集设计：马丁·阿尔布劳。系列文集主编：常向群

《全球中国对话》系列文集（GCDP，英文版和中文版），基于始于2014年的年度系列对话论坛，旨在结集来自中国和世界其他地区的学者和从业者，就当今地球上人类生存的挑战问题交换他们的见解，提出全球治理改革的建议。全球治理应从最广义上讲，涵盖世界范围内的社会秩序，使世界各国人民能够应对生存挑战，并使世界各地的人类有机会过上充实的生活。中国的"人类命运共同体"也为世界提供了类似的愿景。每届对话都由来自中

国和其他国家的专家学者组成的四个版块，就实现这些或任何针对当前危机时期人类社会治理的愿景进行深入探讨。

每期《全球中国对话文集》，均包括主持人和发言人的基本信息，对话的基本主题和内容，发言的内容以及问答环节。它还包括每个版块的照片，对话会议的参与者，问答，讨论和休息时间的交流。希望这种图片和文本的结合能够完整地保存动态对话，供与会者或未能参加会议的感兴趣的读者参考。

《全球中国对话》系列由马丁·阿尔布劳 (Martin Albrow) 策划，系列主编为常向群，每期均由不同的主编参与编辑。

语言：中文和英文
DOI https://doi.org/10.24103/gcdp/cn
www.globalcenturypress.com/gcdp

Dual language information from Global Century Press

1 Basic information about this Journal

1.1 About the journal and editors

About the journal

Journal of Chinese for Social Science (JCSS) examines the use of the Chinese language in context and draws academic attention to the usefulness and validity of existing translated texts and language usage in Chinese social science.

'Chinese for social science' or 'Chinese language for Social Science' is a branch of 'Chinese for Specific Purposes' (CSP), like 'Chinese for science and technology' or 'business Chinese'. This innovative idea was first developed by Global China Academy (GCA). Through its Global China Dialogue conferences, the GCA has attracted a wide participation by speakers and delegates from many different organizations including universities in the UK, USA, China and France, as well as public and governmental institutions, NGOs and media.

With Global China Academy's commitment to dual-language publications – including *Journal of China in Global and Comparative Perspectives* and a number of book series, to benefit scholars and readers of both Chinese and English – translations of terminologies, concepts, ideas and thoughts on social science form the basis of intercultural dialogue and communication, and the sharing of ideas and research findings from within China and globally. More often than not, translations – frequently out of context – can reinforce an orientalized Chinese identity. *Journal of Chinese for Social Science* seeks to remove the obstacles to effective dialogue and the exchange of ideas through the translation of terms and concepts in their context.

About the editor

XU Haiyan, Editor-in-Chief of the Journal of Chinese for Social Science (JCSS). She is an Associate Professor at the School of Foreign Studies, Nanchang University, where she has been working since 1998. Her expertise includes British and American poetry, English-Chinese translation, and translation technology. Her courses, which encompass College English, Academic English, English Lexicology, and Computer-Assisted Translation, aim to develop the language abilities and translation skills of both English majors and non-majors at undergraduate and graduate levels. In her teaching and research, Xu Haiyan has led and participated in several significant projects, such as exploring teaching models for college English speech classes and studying the philosophical aspects of Emily Dickinson's poetry, all supported at provincial and institutional levels. Her research is frequently published in core Chinese journals, and her translations span social sciences, philosophy, and history, demonstrating her broad academic vision and deep translation skills. Internationally, she has visited and exchanged ideas at prestigious institutions such as the University of Leeds in the UK, the University of Wisconsin in the USA, and the University of Cambridge, accumulating extensive international experience. She has also been involved with the translation and editorial volunteer team at the China in Comparative Pespective Network (CCPN) at the London School of Economics, reflecting her active presence and influence in the global academic community. Since February 2022, Professor Xu has served as the Chinese director of the Confucius Institute at the University of Castilla-La Mancha in Spain, dedicated to promoting Sino-Western cultural and academic cooperation.

About the founding editors

Dr Dongning Feng, UK based sociolinguist and expert in translation studies. He was a Senior Lecturer in Translation Studies, Director of SOAS Centre for Transaltions at SOAS, University of London, UK. He has taught a range of subjects in China, Japan and Britain. His current research interests focus on critical discourse analysis and translation, translators' autonomy and literary and screen translation. His publications include works on aesthetics and political communication, the politics of translation and translation as political discourse, Chinese cinema, Chinese cultural and literary studies and a monograph on literature as political philosophy and communication.

Dr Lianyi Song, Principal Teaching Fellow, China & Inner Asia Section, Department of East Asian Languages and Cultures; Academic Staff, SOAS China Institute, School of Oriental and African Studies (SOAS), University of London. His taught courses include Chinese, advanced Chinese, Chinese for Business, Chinese-English translation. His research interests include Chinese language pedagogy, discourse analysis, applied linguistics in Chinese. Selected publications are: 'Teaching no fixed method, learning is worthwhile', *Communication of the World Chinese Language Teaching Association* (Vol. 2, 2013), co-editor, *Chinese English Pocket Dictionary*. (2011), 'An analysis of difficulty of Chinese grammar points from the learners' point of view' (in Chinese), in: Zhang, D and Li, X, (eds.), *Teaching Chinese to Native Speakers of English*, co-author, *Teach Yourself Beginners Chinese Script and Teach Yourself Beginners Chinese*.

1.2 Contributors of the volume

Ms Maïlys Etienne is a Year-4 BSc. International Relations and Chinese student at the London School of Economics and Political Science, currently studying abroad at Fudan University. Born and raised in France, she has over a year of experience working in the fields of diplomacy and defense politics. Her research interests include Chinese foreign policy, disputed maritime areas, and strategic narratives.

Dr Dongning Feng is UK based sociolinguists and expert in translation studies. He was a Senior Lecturer in Translation Studies, Director of SOAS Centre for Transaltions at SOAS, University of London, UK. He has taught a range of subjects in China, Japan and Britain. His current research interests focus on critical discourse analysis and translation, translators' autonomy and literary and screen translation.

His publications include works on aesthetics and political communication, the politics of translation and translation as political discourse, Chinese cinema, Chinese cultural and literary studies and a monograph on literature as political philosophy and communication.

Professor Stephan Feuchtwang is an Emeritus Professor of the Department of Anthropology, and founding director of the MSc Programme of China in Comparative Prespective, London School of Economics and Political Science (LSE). He was President of the British Association for Chinese Studies (BACS). Based on his long term studies on popular religion and politics in mainland China and Taiwan he published work on charisma, place, temples and festivals, and civil society. He has been engaging comparative studies exploring the recognition of catastrophic loss, and civilisations and empires. He is author of *After the Event: The Transmission of Grievous Loss in Germany, China and Taiwan* (2011), and *Popular Religion in China: The Imperial Metaphor* (2001).

Ms Josephina Georgopoulou, BA in Chinese and Politics at SOAS, University of London, was awarded the Yenching Academy Scholarship and is pursuing a Master of Law in China Studies (Politics & International Relations) at Yenching Academy, Peking University, in 2023. She is pursuing a career in policy analysis and development and volunteers with local organizations in Beijing that work towards improving the community's educational standards. She received the Participation Award in the Finals of the 2023 4th Social Welfare and Business Innovation Chinese Competition.

Professor LAN Chun is currently a professor and doctoral advisor, formal Director of the Linguistics Center at the School of English, Beijing Foreign Studies University. Her primary research areas include cognitive linguistics, pragmatics, rhetoric, and translation. Lan Chun has published over ten monographs and textbooks, including *A Cognitive Approach to Spatial Metaphors in English and Chinese* (2003), *Cognitive Linguistics and Metaphor Studies* (2005), *A Pragmatic Approach to A Dream of Red Mansions (2007)*, *Facets of Language* (2007, was awarded the 2008 Beijing Higher Education Quality Textbook Award), *Towards an Understanding of Language and Linguistics* (2009) and *Rhetoric: Theory and Practice* (2010), were selected as national Twelfth Five-Year Plan textbooks; and *College Critical English Reading Course 1: Language and Culture* (2015, won the first National Excellent Textbook Construction Award). Additionally, she has translated several works and published over fifty papers in academic journals both domestically and internationally. In 2004, Lan Chun received the Fok Ying Tung Education Foundation Award for Outstanding Young Teachers in Higher Education. In 2021, her MOOC course "Introduction to Language and Linguistics" was recognized as a National First-Class Online Course.

Dr Lianyi Song is Principal Teaching Fellow, China & Inner Asia Section, Department of East Asian Languages and Cultures; Academic Staff, SOAS China Institute, School of Oriental and African Studies (SOAS), University of London. His taught courses includes Chinese, advanced Chinese, Chinese for Business, Chinese-English translation. His research interests includes Chinese language pedagogy, discourse analysis, applied linguistics in Chinese. Sellected publications are: 'Teaching no fixed method, learning is worthwhile', *Communication of the World Chinese Language Teaching Association* (Vol. 2, 2013), co-editor, *Chinese English Pocket Dictionary.* (2011), 'An analysis of difficulty of Chinese grammar points from the learners' point of view' (in Chinese)', in: Zhang, D and Li, X, (eds.), *Teaching Chinese to Native Speakers of English*, co-author, *Teach Yourself Beginners Chinese Script* and *Teach Yourself Beginners Chinese*.

Ms Chiara Maligno is an undergraduate student majoring in Language, Culture and Society at the London School of Economics and Political Science. She is currently doing a year abroad at Fudan University in Shanghai, China. Born into a multicultural family, she was raised between China, Italy, France, and the U.K.

Professor SU Guoxun (1942-2021) was a r Professorial Research Fellow and former Director of the Theoretical Department at the Institute of Sociology, Chinese Academy of Social Sciences. His main academic specialties were the history of sociological thought, sociological theory research, and Weber studies. His notable works include: *Rationalization and Its Limitations* (2016), *Social Theory and Contemporary Reality* (2005), and *Rationalization and Its Limitations: An Introduction to Weber's Thought* (2004). He co-authored *Globalization: Cultural Conflict and Symbiosis* (2006), edited the *Social Theory* series volumes 1-5 (2006-2009), co-edited *Selections of 20th Century Western Social Theory* volumes 1-3 (2006), and translated *The Protestant Ethic and the Spirit of Capitalism* (2010).

Ms Lik Suen Lectures at China & Inner Asia Section, Department of East Asian Languages and Cultures; Former Deputy Director of London Confucius Institute SOAS; Academic Staff, SOAS China Institute; Member of Centre for Translation Studies, School of Oriental and African Studies (SOAS), University of London. She has been teaching Chinese as a foreign language in Hong Kong, the United States and the United Kingdom for nearly 20 years. Her taught courses include Elementary Chinese, Intermediate Chinese, Directed Readings in Advanced Modern Chinese Language, Elementary Cantonese. She is the chief examiner of the British Chinese Test Board, and the editor-in-chief of series teaching books Get Ahead in Chinese and co-editor of Chinese in Steps.

Professor Harro von Senger is an Emeritus Professor of Sinology, University of Freiburg and (since 1982) Expert of the Swiss Institute of Comparative Law at Lausanne. He is also an expert on the Chinese military, and author of The 36 Stratagems for Business: Achieve Your Objectives through Hidden and Unconventional Strategies and Tactics and The Book of Stratagems: Tactics for Triumph and Survival, which has been translated into 14 languages.

Dr YAN Haoran graduated in January 2022 from the School of English at Beijing Foreign Studies University with a PhD in English Language and Literature. He is currently a lecturer in the Department of English at the School of Foreign Languages, Xi'an University, and serves as an assistant to the department head. His primary research areas include theoretical linguistics, stylistics, semiotics, philosophy of language, and translation. He has published several papers in major foreign language journals such as Contemporary Linguistics, including 'New Developments in Text World Theory: A Review of *World Building: Discourse in the Mind*,' 'How to Play Language-games with Rules: Rethinking Wittgenstein's Philosophical Views on Language,' and 'Restructuring Grammatical Metaphor in Chinese Translations of Sense and Sensibility—From the Perspective of Functional Stylistics.'

1.3 Table of contents

Reading

1   [Reading material] On the problem of the transfer of earthbound words and concepts in the cultural exchange between China and the West / *Harro von Senger* 1
    [Intermediate reading] Bridge & artificial limb / *Lik Suen* 17
    [Advanced reading] Interpretation of China's policies and regulations with Thirty-Six Stratagems / *Lianyi Song* 20

2   [Reading material] Reinterpreting Weber in the Context of Chinese Culture / *SU Guoxun* 26
    [Intermediate reading]
    Weber's View on Eastern and Western Religions / *Lik Suen* 53
    Weber's influence in China / *Lik Suen* 58
    Jews in Kaifeng City, China / *Lik Suen* 62
    Advanced reading] A Reinterpretation of Weber in the Context of Chinese Culture (Abbreviated) / *Lianyi Song* 66

Writing

1   Imaging national identity in Taiwan: how do Taiwan's indigenous youth ... 70 experience national identity? / *Josephina Georgopoulou*

2   A Dragon in the Land of the Midnight Sun – Explaining China's Arctic Ambitions / *Maïlys Etienne* 75
    [English translation]

3   The Rising Popularity of Veganism in China / *Chiara Maligno* 85
    [English translation]

Translation

Functional Translation Theory and the Translation of Social Science Texts / *Dongning Feng* 94
[Reference]
A practically minded person Fei Xiaotong's anthropological calling and Edmund Leach's game / *Stephan Feuchtwang* 99

Article

Research on Transcultural Phenomena in Bilingual Publications from the Perspective of Conceptual Integration——A Case Study of"Chinese Terminology of Thought and Culture (Philosophy Volume) / *YAN Haoran, LAN Chun* 111

Dual language information from Global Century Press

1   Basic information about the journal. 124, 136
    1.1   About the journal and the editors 124, 136
    1.2   Contributors of the volume 125, 137

1.3	Editorial	125, 140
1.4	Table of contents	125, 141
1.5	Abstracts and keywords of main references	125, 144
2	Global Century Pressand dual language features and information	127, 145
2.1	Global Century Pressand its unique features	127, 145
2.2	GCP creates a unique feature for a dual-language service with global and transcultural perspectives	127, 146
2.3	GCP style rules for rendering Chinese-English dual languages	128, 147
2.4	GCP style rules for punctuation marks in Chinese and English bilingual typesetting	129, 148
2.5	GCP style rules for Chinese and related names	130, 149
2.6	Other journals and and periodicals published by Global Century Press	132, 151

1.4 Abstracts and keywords of main references

Moulüe (supraplanning): On the problem of the transfer of earthbound words and concepts in the context of cultural exchange between China and the West by **Harro von Senger**

Abstract: According to Fei Xiaotong, 'Words are the most important bridge' (词是最主要的桥梁) between past and present and between generations belonging to the same culture. They are also the most important bridge between humans belonging to different cultures. The question arises to what extend can earthbound words (that is to say words which do not seem to have a readymade exact counterpart in the foreign language concerned) be transferred from one culture to the other in such a way that they are understood and maybe even of practical use in the other cultural environment while keeping their earthboundness, that is to say their original touch and meaning. This problem is discussed with respect to the Chinese word 'moulüe (谋略)', deeply rooted in the rich vocabulary of the ancient and modern Chinese Art of Planning.

Keywords: Intercultural communicability of earthbound words; strategy, '*moulüe* (谋略) – Supraplanning', Sun Zi's Art of War.

Reinterpreting Weber in the Context of Chinese Culture by **SU Guoxun**

Abstract: This paper explores Weber's views in 'Confucianism and Taoism', particularly his different interpretations of Confucian and Puritan rationalism. The article points out that Weber believed Puritan rationalism aimed to dominate the world, whereas Confucian rationalism sought to adapt to it. This difference led to the divergent development of Eastern and Western cultures and societies. The author analyzes Weber's comparative religious studies, arguing that they exhibit a 'Eurocentric' bias and fail to fully understand the internal logic and characteristics of Chinese culture. The article emphasizes the 'internal transcendence' of Chinese culture and its unique value in the modernization process.

Keywords: Weber, Chinese culture, rationalism, Confucianism, Eurocentrism, modernization.

Imaging national identity in Taiwan: how do Taiwan's indigenous youth experience national identity? **by Josephina Georgopoulou**

Abstract: This research highlights the perspectives of Taiwan's indigenous youth on national identity, often overlooked in discussions. A distinct 'Taiwanese' identity emerged during Lee Teng-hui and Chen Shui-bian's presidencies. Surveys show 60.8% identify as Taiwanese, 32.9% as both Taiwanese and Chinese, and 3.6% as Chinese. On unification-independence, opinions vary widely. Interviews with indigenous students reveal strong cultural values and concerns about education and economic disparities. In response to China's influence, they prioritize a Taiwanese identity. In conclusion, Taiwan's indigenous youth balance ethnic, cultural, and political identities. Further research should explore factors influencing these shifts.

Keywords: Indigenous youth, National identity, Taiwanese identity, Cultural values, Ethnic and political identities

The Dragon of the Midnight Sun: China's Ambitions in the Arctic **by Maïlys Etienne**

Abstract: In a fragmented governance architecture, the Arctic has become the theatre of increasingly complex challenges like resource exploitation, nuclear deterrence, and climate change. As the prospect of an ice-free Arctic gets closer, a growing number of actors raise the question of globalising its governance. Shedding light on a severely neglected level of Chinese foreign policy, this paper seeks to answer the following questions: 'Why is the Arctic strategic for China?' and 'How can we explain China's Arctic policy?'. More specifically, this paper investigates why and how China integrates its Arctic ambitions within its foreign policy. It provides a theoretical overview of existing literature, a demonstration of the Arctic's strategic importance and an analysis of China's Arctic foreign policy. The results indicate that, while the Arctic does hold geo-strategic value, the material explanation does not suffice to account for Chinese engagement. Instead, the PRC's will to acquire international prestige and to strengthen its geopolitical posture better explain China's Arctic policy. The paper argues that China's involvement in the region is a textbook case of the PRC's ability to conjugate economic opportunism and a more global great power strategy in spaces of interest.

Keywords: Arctic governance, Chinese foreign policy, Geo-strategic importance, Economic opportunism, International prestige

The Rising Popularity of Veganism in China **by Chiara Maligno**

Abstract: The vegan movement has been on the rise in recent years all around the world. In China too, the attitude towards veganism has been changing. China's vegan food market is estimated to be worth nearly $12 billion by 2023, according to reports. This article answers the following questions: 'Why are more and more people choosing to eat vegan in China?' and 'How difficult is it to be vegan in China?'. The article will first clarify a series of Chinese words related to veganism, outline the current landscape of veganism in China, analyse the reasons behind the shift to plant-based diets, and lastly evaluate the difficulties of being vegan in contemporary China. The author's research found that Chinese people are turning to plant-based diets for a variety of reasons, including Buddhist beliefs, a desire to eat healthily, and concerns about animal welfare, the environment, and food safety. Overall, there are many reasons why being vegan in China is not that difficult, although this degree of difficulty will vary from person to person, depending on their location and other factors. As the vegan movement gains popularity and eating plant-based becomes more convenient, naturally more and more people will choose to go vegan.

Keywords: Vegan food market, Plant-based diets, Buddhist beliefs, Animal welfare, Food safety concerns

Research on Transcultural Phenomena in Bilingual Publications from the Perspective of Conceptual Integration – A Case Study of Chinese Terminology of Thought and Culture (Philosophy Volume) by YAN Haoran, LAN Chun

Abstract: 'Transculturality' is a new concept in the field of cultural communication studies in recent years, emphasizing the dynamic and integrative nature of exchanges between different cultures. Currently, discussions about 'transculturality' are mostly concentrated on the macro-level social anthropological research, with few focusing on the micro-level linguistic studies. This paper takes the conceptual integration theory of cognitive linguistics as the research perspective, analyzing the transcultural phenomena in the bilingual publication *Key Concepts in Chinese Thought and Culture: Philosophy* from three aspects: mirror network, single-scope network, and double-scope network, based on the compatibility of conceptual integration theory and transcultural mechanisms. We believe that conceptual integration is an important cognitive mechanism behind transcultural phenomena; the transcultural model in bilingual publications shows a clear continuity from mirror type to double-scope type; and studying transcultural phenomena helps to improve conceptual integration theory.

Keywords: Transculturation, Conceptual Integration Theory, Bilingual Publications *Chinese Terminology of Thought and Culture* (Philosophy Volume)

Functional Translation Theory and the Translation of Social Science Texts by **Dongning Feng**

This article examines the translation of Professor Stephan Feuchtwang's work, 'A Practical Minded Person: Fei Xiaotong's Anthropological Calling and Edmund Leach's Game,' highlighting the challenges in translating social science texts, particularly in terminology, syntax, and connotation. By applying Skopos theory and text typology, the article emphasizes the importance of translation strategies that prioritize clarity, logic, and the text's purpose. Functional translation theory advocates for transparent and concise language in informational texts, ensuring accurate conveyance of concepts. Through examples, the article demonstrates how extending word meanings, considering context, and reorganizing complex sentences can enhance translation quality. It argues that translation not only spreads knowledge but also induces a "disturbance" that drives social progress and creative thinking. Ultimately, the article stresses the need to understand the original text's purpose and genre, advocating for explanatory strategies when necessary. These insights aim to improve the practice of translating social science texts, contributing to the development of translation studies and enriching cognitive approaches within the field.

Keywords: Translation, Social Sciences, Terminology, Skopos Theory, Clarity

A practically minded person Fei Xiaotong's anthropological calling and Edmund Leach's game **by Stephan Feuchtwang**

Abstract: This is a continuation in print of the conversation between two famous anthropologists, Professors Fei Xiaotong and Edmund Leach. It compares their two callings, or senses of vocation, as anthropologists and puts each into their historical context. To this it adds consideration of Maurice Freedman, a British anthropologist of Chinese society. It praises Fei for his patriotic and critical anthropology; it praises Leach for his critical and committed anthropology, which frees the discipline from its functionalist limitations; it praises Freedman for his critical extension of the concept of the corporate lineage beyond functionalism and into history. With Fei, it criticizes the narrowness of much anthropological writing for purely academic readerships, but comes to the conclusion that at its best anthropology is an independent and open critical vocation.

Keywords: Fei Xiaotong, Edmund Leach, Maurice Freedman, patriotic anthropology, anthropology as a calling

1.5 Notes for contributors

Journal of Chinese for Social Science (JCSS, Chinese Edition, Print ISSN 2633-9501, Online ISSN 2633-9633, DOI: https://doi.org/10.24103/jcss.cn) is dedicated to serving as a bilingual platform in Chinese and English, focusing on the application of the Chinese language in social sciences. The journal comprises three main sections: reading, writing, and translation. It aims to foster deeper understanding and dialogue between languages, cultures, and humanity through the study of Chinese in social science contexts.

Submission Requirements

- Reading Section: Explores the application of Chinese in social sciences, including studies on the use of Chinese in social science research, challenges, and strategies for achieving conceptual equivalence between Chinese and English.
- Writing Section: Accepts outstanding theses and dissertations by international students at undergraduate, master's, and doctoral levels on Chinese studies. Language and word count requirements: approximately 2,000-4,000 words with an English translation or summary. Author's biography: about 100 words in both Chinese and English, including name, gender, age, nationality, alma mater, research interests, and achievements.

- Translation Section: Emphasizes the challenges and solutions of translation, addressing the complexities of translating social science terminology, concepts, ideas, and promoting intercultural dialogue and communication.
- Bilingual Elements: Explores bilingualism in academic research and publication, particularly the dynamics between Chinese and English in conveying social scientific knowledge.
- Chinese for Social Science (CSS): Studies the understanding and development of CSS as a branch of Chinese for specific purposes (CSP), including comparisons with other CSP branches such as Chinese for science and technology or business Chinese.

Submission Guidelines

Submissions should align with the journal's focus on the use of the Chinese language in social science research and its translational aspects. We welcome submissions that align with our mission to bridge linguistic and cultural gaps in social science research. The *Global Century Press House Style Guide* (https://globalcenturypress.com/house-style-guide) provides detailed guidance in three sections:

- Author Submission Guidelines: Includes submission guidelines and information.
- Manuscript Writing and Formatting: Best practices for submitting text, images, and charts.
- Bilingual Style and Rules: Developed over the past few years in collaboration with Chinese and English scholars, graphic designers, editors, and proofreaders. It includes examples of our unique bilingual information services, which are showcased in every issue and book. This section will help you gain a deeper understanding of 'Chinese for Social Science'.

The dual language service mentioned in the Part III of the above *GCP House Style Guide* refers to the first part of 'Dual language Information' in the *JCSS* 'Basic Information,' (pages 129-140) which differs in each issue. The second part of 'Dual Langauge Information,' of the 'GCP Dual language Features and Related Information,' (pages 140-148) is in fact content of 'Chinese for Social Science' that we created. For the convenience of readers, it will be appended to the end of each issue.

2 Dual language features and information from Global Century Press

2.1 Global Century Press and its unique features

Global Century Press (GCP company No.: 8892970), founded in 2014, is a subsidiary trading company of Global China Academy (GCA). It is the first publisher dedicated to publishing academic and popular books bilingually in the social sciences and humanities, focusing on studies of China with global and comparative perspectives.

GCP is the only independent platform dedicated to publishing uncensored work on China.

GCP publishes a range of publications, from academic journals, edited volumes, selected conference papers and theme-based articles, to research monographs, book series, teaching and learning materials on Chinese for social sciences, and reference books, printed mostly in colour. The works are published in various forms, such as print, electronic versions, video, audio, on the internet and on the mobile internet.

GCP has DOI authorization. Each book and every chapter comes with a DOI number. Each book includes relevant information, presented in the form of a 'sandwich', preceded by front matter such as the General Preface, and followed by the end matter such as references and GCP's unique dual language section.

Visit the GCA website for more information: https://globalcenturypress.com

2.2 GCP creates a unique feature for a dual-language service with global and transcultural perspectives

Global Century Press publishes social scientific and humanities academic and popular books bilingually. GCP provides English and Chinese dual language information in all books and some journals. In the case of an English book, the Chinese part of the dual language information is designed to assist Chinese readers. Similarly, two of the journals are in Chinese, and the English part of the dual language information includes material to help non-Chinese speakers appreciate endeavours in this field outside the English-speaking world.

Currently, GCP publishes three cutting-edge academic journals, a proceedings series, and eight book series that encourage the study of China in global and comparative perspectives. These transcultural products demonstrate how GCA contributes to global academia and participates in building a global society. The extended sections called 'About the book series' (3) and 'Other book series published by Global Century Press' (5) provide readers with a bigger picture beyond this book.

For all covers of journals and the *Global China Dialogue Proceedings* (*GCD*), we use a complete map of the world as the background with different, contrasting versions of the design. *Journal of China in Global and Comparative Perspectives* (*JCGCP*) has three horizontal bars of colour, whereas *Journal of Chinese for Social Science* (*JCSS*) and *Journal of Corpus Approaches to Chinese Social Science* (*JCACSS*) feature 'black on white' and 'white on black' treatments on the front and back covers. Together, these images illustrate our main theme of 'global and comparative perspectives'.

The covers of the book series feature 'calligraphy paintings' (书画) selected from the transcultural works of British–Chinese calligrapher and artist Yizhou Zhao (赵翼舟), one of the finest contemporary Chinese calligraphers in the world. Each image is based on a Chinese character or phrase that to a certain extent reflects the theme of each series. For example, the Chinese character 旦 (dawn) is used for the 'Chinese Concepts' series; 文明 (civilization) for the 'Chinese Discourse' series; 乐 (happiness) for the 'Understanding China and the World' series; 鑑 (鉴 reflect, scrutinize, comparison) for 'China and Chinese in Comparative Perspectives' series; 人

(people or human beings) for the 'Globalization of Chinese Social Sciences' series; 众 (the masses or crowd) for the 'Transcultural Experiences with"Three Eyes"' series; 心 (heart) for the 'China Urbanization Studies' series; and 幽人 (people who are uniquely independent and creative because they live in seclusion) for the 'Cutting Edge and Frontiers' series. Some of the characters are directly used as the title of the image, and some of them offer more elaborate and specific meanings, e.g. 'Man is man's prisoner' (《人是人的囚徒》) and 'Mass media' (《大众与传媒》). In the case of 'Everybody can enjoy his own happiness' (《各乐其乐》), the image represents *yin* and *yang*, the typical Chinese way of thinking. The artist's rich process synthesizes the materials (including acrylic on watercolour paper, ink on rice paper, and oils) and techniques found in China and the West, and draws on the histories of both spheres to offer a dialogue between them. With deep aesthetic and philosophical underpinnings, informed by his many transcultural experiences between Chinese and Western cultures, Zhao's work strikes a balance between tradition and innovation and illustrates the aims of both GCA and GCP.

At GCP, every journal and book is a transcultural product. This process carries through every step of production. The transcultural partnership between authors and editors, copyeditors, proofreaders, graphic designers and typesetters is the heart of GCP's model, and demonstrates everything that GCP and GCA strive for.

Note for English-language readers: *The following two sections (4.2 and 4.3) are not relevant. They contain information mostly relating to the typesetting of GCP's overseas Chinese editions – the transcultural process of combining English and Chinese typesetting styles for overseas Chinese readers.*

2.3 GCP style rules for rendering Chinese-English dual languages

- GCP adds a section called 'Dual language information from Global Century Press' at the end of each book and also the Chinese-language *Journal of Chinese for Social Sciences*. It includes 'About the book' (see section 1) and 'Other book series published by Global Century Press' (see section 5). This kind of Chinese–English dual language service provides essential information about a particular volume of a book within a series or a journal produced by GCP.
- In English versions, the English text is shown at the top and the Chinese text below, on all book covers and on the copyright page. In Chinese versions, Chinese is shown at the top and English below.
- Regarding blank pages, GCP's practice is as follows:
    – Roman numerals are used to number pages in the front matter and Arabic numerals for pages in the main text.
    – There may be a blank page between the front matter and the main text to ensure that the first chapter starts on a recto page. Other chapters may start on a verso page.
    – If the book is divided into several parts or large chapters, each part or chapter starts on a recto page.
- The running header on text pages is normally the title of the relevant chapter or section, depending on the structure of the book. If the header is a section it

will be followed by the number of the chapter to help readers orientate themselves within the chapter, e.g. 'Section Title • chapter 3'.
- There is no space between a surname and a single-character name on covers, contents or in body text in GCP Chinese publications.
- In body text, with English typesetting the line space is normally 2mm and with Chinese typesetting the line space is normally 3mm.
- Choosing from over one thousand possible typefaces, GCP uses the Times New Roman and FZKai-Z03 typefaces for typesetting in English and Chinese versions, respectively. When Chinese occurs in the English version or English in the Chinese version, InDesign software enables us to use composite fonts.
- The Times New Roman typeface cannot display certain Chinese pinyin characters in a standardized Chinese way. For example, the 'á' in pinyin 'dìyuán' (地缘 geography) looks different from the *á* in italic '*dìyuán*'. This letter always appears the same in the roman or italic instances of the GB-PINYIN-D font commonly used in the Chinese publishing industry. Nevertheless, GCP still uses Times New Roman to represent pinyin characters.

2.4 GCP style rules for punctuation marks in Chinese and English bilingual typesetting

The punctuation of Chinese editions published by GCP usually follows the *General Rules for Punctuation* (GB/T 15834-2011)[1] promulgated in 2011 by the General Administration of Quality Supervision, Inspection and Quarantine of the People's Republic of China (AQSIQ) and the Standardization Administration of China. However, in the practice of Chinese–English translation and publishing, there exist some punctuation mismatches. GCP adopts the following rules in Chinese-English bilingual typesetting:

- Since the size of all Chinese punctuation marks is larger than their equivalents in Times New Roman, based on the *General Rules for Punctuation* (GB/T 15834-2011), we set the font size with Founder software of Peking University and the 'punctuation squeeze' (indentation of punctuation spacing) according to the Chinese–English bilingual typesetting standard. In this way, we can adjust awkward spaces between English words, numbers and Chinese characters, and also solve the problem of spacing when two punctuation marks appear too far apart.
- In English works, quotations are enclosed in single quotation marks (' '). Double quotation marks (" ") are used for quotations within quotations. Hower, in Chinese works, quotations are enclosed in double quotation marks (" ") and single quotation marks (' ') are used for quotations within quotations.

---

[1] See: http://www.moe.gov.cn/ewebeditor/uploadfile/2015/01/13/20150113091548267.pdf (标点符号用法).

- In GCP's Chinese editions, double title marks《》are used for book, journal, album or movie titles that are italicized in English, whereas book chapter, article, poem or song titles are enclosed in quotation marks.
- Long dashes (—) are hardly ever used in GCP's English publications. Occasionally, they are used in Chinese publications. In general, we use colons (:) or, in some circumstances, 'en' dashes (–). The names of our books and the titles and subtitles of the chapters are usually indicated by different fonts or new lines.
- Generally, GCP uses short dashes (-) instead of wavy lines (~) when typesetting text and numbers.
- GCP uses half-width parentheses (...) around English text, and full-width parentheses（……） around Chinese text.

2.5 GCP style rules for Chinese and related names

The Chinese phonetic alphabet spelling rules for Chinese names[1] was published jointly by AQSIQ and the Standardization Administration of China in 2011. Over the last decade, some rules have been challenged. GCP has made adaptations and introduced its own style rules for Chinese and related names.

- As a rule, all Chinese names are written in pinyin, not italicized, as are names of places, e.g. Beijing or Shanghai.
- Normally, a Chinese surname (or family name) is composed of a single-character name (e.g. Zhao, Qian, Sun or Li) or a two-character name (e.g. Ouyang, Sima). Occasionally, names are formed by two surnames (e.g. Ouyang Chen). Additionally, children born after China's 'one child policy' implemented in the 1980s may also have multi-character surnames, which are created by joining the surnames of parents together to denote 'lineage succession', e.g. Zhang (father's surname) + Yang (mother's surname) = Zhangyang.
- The above rules also allow a Chinese surname followed by the first name (e.g. Wang Laowu). Usually, the surname looks shorter, having only a single character, while the first name looks longer, having two characters. Sometimes a hyphen (-) is added to connect the two characters of a person's first name (e.g. Wang Lao-wu). Although Chinese names are commonly formed by three characters in total, in recent years, thanks to a revival of traditional culture, some parents have added an additional character to their children's first name, based on numerological principles, e.g. the name of ZHANG Zelinli has the elements of water, wood and earth added.
- There are two ways to write Chinese names in pinyin or English. One is to write the Chinese surname in capitals followed by the first name with only an initial capital (e.g. ZHANG San, WANG Laowu). GCP adopts this usage for all names of Chinese individuals from the mainland.

---

[1] See: http://sxqx.alljournal.cn/uploadfile/sxqx/20171130/GBT28039–2011 中国人名汉语拼音字母拼写规则 .pdf.

- Another way is to write the surname first, without full capitalization, followed by the first name, such as Deng Xiaoping, Zhang Yimou. In accordance with convention and increasingly common usage in the West, GCP renders some well-known names, especially those of politicians or social celebrities, in this way.
- For some well-known ancient philosophers and literati, GCP continues use their English names, such as Confucius, Mencius, or Li Po. However, Li Po can be given as LI Bai / Li Po.
- In practice, Overseas Chinese always put their surnames last, the same as English names, e.g. Laowu Wang.
- Some names that are known in 'Wade–Giles pinyin'[1] (such as Fei Hsiao-tung) are mainly given first in Chinese pinyin (e.g. Fei Xiaotong), but both formats are given when the name is first mentioned, e.g. Fei Xiaotong (Fei Hsiao-tung).
- The pinyin names of Overseas Chinese of non-mainland origin are affected by their dialects, and some have English names. If possible, as many different names as possible are presented when they first appear in an article or a work. For example, JIN Yaoji would usually be known as Ambrose King or Ambrose Yeo-Chi King but may be known as JIN Yaoji or Yaoji Jin in Chinese pinyin.
- Some Korean names look like Chinese names, e.g. Hagen KOO, Kwang-ok KIM, but the surname is usually given after the first name and in full capitals. The same rule is applied to Japanese names, e.g. Tadashi FUKUTAKE, Yoshiyuki YAMA.
- In GCP publications, if you see a surname in front of the first name, you can assume that person is a mainland Chinese. Exceptions are acceptable, as individuals sometimes present their names in their own way.

The Global Century Press *House Style Guide* contains a comprehensive explanation of GCP's approach to dual language styles and rules, and details the rules themselves. It can be found on the GCP website at the following address: https://globalcenturypress.com/house-style-guide/

---

[1] See: https://en.wikipedia.org/wiki/Wade–Giles and https://zh.wikipedia.org/wiki/ 威妥瑪拼音.

2.6 Journals published by Global Century Press

Journal of China in Global and Comparative Perspectives (JCGCP)

Editor: Xiangqun Chang

Journal of China in Global and Comparative Perspectives (*JCGCP*) publishes original multidisciplinary and interdisciplinary comparative research on China on a range of topics in the social and human sciences. It encourages debate, co-operation and co-authorship on the same issue or theme from different disciplines (including politics, economics, international relations, history, sociology, anthropology, pedagogy, law, media, cultural Studies, social psychology, and methodology). Its aim is to bring out the best in scholarship, transcending traditional academic boundaries in an innovative manner.

JCGCP is not simply about China – there are already several excellent journals on China – but about global and comparative viewpoints looking at China as a player in broader patterns of development, ideas, movements, networks and systems. Comparison includes using China as a case study to examine a generally applicable theory, or drawing analytical conclusions from comparative data about China and some other country or context. The comparison may be regional or global, historical or contemporary. It may also involve a comparison of perceptions: China's perceptions of others, and others' perceptions of China, in the context of China's encounters with the outside world in political, economic, military and cultural senses.

We also consider articles that draw contrasts between China and other countries, Chinese people and non-Chinese people, or academic debates and dialogues between Chinese and non-Chinese, Chinese perspectives of the world or human knowledge, and non-Chinese perspectives of China in a global context.

In addition to research articles, research reports and commentaries, *JCGCP* also publishes periodic symposia on selected topics, in-depth review articles on particular areas of scholarship and reviews of books of unusual quality and significance for the study of China in global and comparative perspectives. Certain issues of the journal may focus on a particular subject, and we welcome suggestions for themes.

JCGCP is a strictly non-partisan publication and does not support or discriminate against any political, ideological or religious viewpoint. In accordance with standard academic practice, articles submitted for publication in *JCGCP* are subjected to a rigorous process of blind peer review. Although conceived as an academic journal, the editorial policy of *JCGCP* is to ensure articles that appear herein are of interest beyond the academic arena to policymakers, as well as readers with a general interest in China-related themes.

JCGCP was formerly known as *Journal of China in Comparative Perspective* (*JCCP*), changing its name in 2021 to reflect a broadening of its aims and scope.

Language: English; Chinese
ISSN 2633-9544 (print) / ISSN 2633-9552 (online)
DOI https://doi.org/10.24103/jcgcp
www.globalcenturypress.com/jcgcp

Journal of Chinese for Social Science (JCSS)

Editors: Dongning Feng and Lianyi Song

Journal of Chinese for Social Science (*JCSS*) examines the use of the Chinese language in context and draws academic attention to the usefulness and validity of existing translated texts and language usage in Chinese social science. It features bilingual elements in Chinese and English and consists of three sections: reading, writing, and translation.

To achieve conceptual equivalence between English and Chinese poses a great challenge, particularly in social scientific research across these two language, cultures and societies. It is often the case that the research is published in a language that is not the researcher's first language and requires translation. However, translation can bear a range of potential risks in cross-cultural or transcultural communication if not done appropriately. JCSS takes cross-cultural or transcultural research to a higher level. It not only highlights the issues in translating research findings, but also engages in, stimulates and promotes dialogue between languages, cultures and communities.

Translations of terminologies, concepts, ideas and thoughts on social science form the basis of intercultural dialogue and communication, and the sharing of ideas and research findings from within China and globally. More often than not, translations – frequently out of context – can reinforce an orientalized Chinese identity. *JCSS* seeks to remove the obstacles to effective dialogue and the exchange of ideas through the translation of terms and concepts in their context.

'Chinese for social science' or 'Chinese language for Social Science' is a branch of 'Chinese for Specific Purposes' (CSP), like 'Chinese for science and technology' or 'business Chinese'. This innovative idea was first developed by Global China Academy (GCA). Through its Global China Dialogue conferences, GCA has attracted a wide participation by speakers and delegates from many different organizations including universities in the UK, USA, China and France, as well as public and governmental institutions, NGOs and media.

Language: Chinese
ISSN 2633-9501 (print) / ISSN 2633-9633 (online)
DOI https://doi.org/10.24103/jcss.cn
www.globalcenturypress.com/jcss

Journal of Corpus Approaches to Chinese Social Science (JCACSS)

Editor: QIAN Yufang

Journal of Corpus Approaches to Chinese Social Science (JCACSS) applies cutting-edge corpus methods to the field of Chinese social sciences. The journal explores how to build upon existing quantitative and qualitative analysis methods in social scientific studies in the era of big data, and find new ways to analyze massive electronic texts. Its aims are to publish research outcomes that address the challenges brought by these issues, to provide an academic exchange platform for those with common interests, and to respond to the concerns posed to sociolinguists by the complex social problems of the global digital era.

The ESRC Centre for Corpus Approaches to Social Sciences (CASS) at Lancaster University is a pioneer in the application of corpus methods to various social science topics, such as the environment, crime, and health. Beginning with a workshop on corpus approaches to Chinese social sciences held in London in 2016, *JCACSS* was launched in 2021, under the guidance of the founding Director of CASS, Professor Tony McEnery, and with the support of colleagues both domestically and abroad, as well as the Global China Academy.

Language: Chinese
ISSN 2633-9617 (print) / ISSN 2633-9625 (online)
DOI https://doi.org/10.24103/jcacss.cn
www.globalcenturypress.com /jcacss

Global China Dialogue Proceedings series

Series Designer: Martin Albrow; Series Editor: Xiangqun Chang

Global China Dialogue Proceedings (GCDP) is based on the annual series of dialogue forums that started in 2014. It brings together scholars and practitioners from China and the rest of the world to exchange their insights into the problems that challenge human existence on our planet today, and to yield proposals for the reform of global governance based on these insights. We consider global governance in the broadest sense to cover the worldwide ordering of society to enable the peoples of the world to meet existential challenges, and to give the chance for human beings everywhere to lead fulfilling lives. China's 'community of a shared future for mankind' also provides the world with a similar vision. Each Dialogue consists of four panels of discussants from China and other countries who examine four areas of strategic significance for realizing these or, indeed, any visions for the governance of human society at this time of crisis.

Each volume of *GCDP* includes the basic information of the chairs and speakers, the topics and abstracts, content of speeches, and the question-and-answer sessions. It also includes photos of each panel, the participants of the dialogue, discussions, and networking during breaks. It is hoped that this combination of images and text can preserve the dynamic dialogue for interested readers whether or not they participated in the forums.

The *Global China Dialogue Preceeding* series is designed by Martin Albrow. The series editor-in-chief is Xiangqun Chang and each issue is co-edited with different guest editors.

Language: English; Chinese
DOI https://doi.org/10.24103/gcdp
www.globalcenturypress.com/gcdp

www.ingramcontent.com/pod-product-compliance
Lightning Source LLC
Chambersburg PA
CBHW060420300426
44111CB00018B/2925